CATHI

CW01666318

Devenez Locavores !

Mangez bien, mangez bon, mangez local

jouvence ÉDITIONS

Dans la même collection :

Une belle peau au naturel !, Alessandra Moro-Buronzo, 2012
Les incroyables vertus du son d'avoine,
Emmanuelle Jumeaucourt, 2011
Les incroyables vertus des smoothies verts,
Colette Hervé-Pairain et Nadège Pairain, 2011
Petit manifeste du rebelle engagé, Fabien Rodhain, 2011
Maman bio, mode d'emploi, Karina Perez, 2011

Catalogue gratuit sur simple demande
Éditions Jouvence
France : BP 90107 – 74161 Saint-Julien-en-Genevois Cedex
Suisse : CP 184 – 1233 Genève-Bernex
Site internet : **www.editions-jouvence.com**
Mail : info@editions-jouvence.com

ISBN 978-2-88353-957-0
Illustration de couverture : Jean Augagneur
Maquette d'intérieur et de couverture : Stéphanie Roze
Mise en page intérieur : Mary Jo Fahrny

Sommaire

Pictogrammes

À retenir

Pour aller plus loin

ATTENTION

Recette

Bon à savoir

Témoignage

Conclusion

Trucs et astuces

Le petit plus

Un peu d'histoire

Le saviez-vous ?

Zoom

Exercice

Huile essentielle

Notre collection **Maxi Pratiques** se veut clair, lisible, didactique et facile d'accès. Elle comporte des rubriques reconnaissables par des pictogrammes (ci-dessus) ; vous accédez ainsi à l'essence de nos livres rapidement (chaque livre ne contient pas forcément tous les pictogrammes présents). Bonne lecture et bien du plaisir!

Dédicace :

À la génération montante pour qu'elle garde le goût des bonnes choses et, en particulier, à
Quentin, Guillaume, Solal, Émilie, Charlotte, Gwendoline, Lucia, Aurélie et Anaïs.

Introduction

« Locavore » est un mot nouveau pour décrire une situation qui remonte à l'origine du monde, mais qui a, curieusement, disparu récemment dans notre société de consommation.

Tous, sur cette Terre, nous avons le même besoin élémentaire : nous devons manger pour vivre et, par déduction logique, si nous ne produisons pas nous-mêmes notre nourriture, donc si nous ne sommes pas paysans ou éleveurs, nous dépendons de ceux qui le sont pour nous. Qui sont-ils, où sont-ils ?

Sans remonter jusqu'à nos lointains ancêtres « chasseurs-cueilleurs », mais simplement à moins d'un siècle d'ici, nos arrière-grands-parents mangeaient essentiellement ce qui était produit dans un environnement proche de chez eux, seuls quelques aliments venaient d'ailleurs. Dans nos régions, la survie alimentaire était garantie par les produits du terroir, les jardins regorgeaient de nombreuses variétés potagères, la consommation de viande ou de poisson était limitée à la production locale, et les menus suivaient le rythme des saisons, avec des périodes plus fastes que d'autres. Les paysans constituaient une part importante de la population.

La situation d'aujourd'hui est totalement différente et, sans juger de la qualité de, l'alimentation de jadis, encore moins pleurer sur un éventuel paradis perdu, on peut par contre se demander pourquoi les choses ont pareillement changé.

Pour la grande majorité d'entre nous, ce ne sont plus les agriculteurs ou les éleveurs de la région qui remplissent notre garde-manger, mais des grandes surfaces, des épiceries ou des marchés de quartiers, tous desservis par des camions frigorifiques ou des transports internationaux qui sillonnent les routes. Alors qu'en haut lieu, des marchés mondiaux gèrent les stocks, décident des échanges et fixent les prix.

En cas de rupture de l'approvisionnement en pétrole, la France dispose de quatre jours d'autonomie alimentaire.

Cette dépendance peut inquiéter. Elle pose question et amène certains à reconsidérer leur mode de consommation et à rechercher un approvisionnement de proximité. Des initiatives régionales voient le jour, qui met en avant les produits locaux; des particuliers s'organisent pour faire leurs emplettes directement chez le producteur. Les filières bio ont le vent en poupe. À l'échelle de nos pays, ce ne sont encore que des balbutiements, mais ils sont significatifs d'une nouvelle sensibilité et sont appelés à se renforcer. Parallèlement, dans le stress quotidien, il n'est pas toujours facile de renoncer à la routine pour tenter une démarche originale. Les automatismes ont la vie dure et l'acquisition de nouveaux réflexes demande du temps. Et puis, pourquoi changer ? Le jeu en vaut-il la chandelle ? Le budget va-t-il tenir le coup? Pratiquement, comment faut-il procéder ? Quelles sont les priorités ?

Ce petit ouvrage a pour objectif de répondre à ces questions et à bien d'autres qui viendront en cours de route et de le faire de manière assez claire pour faciliter un changement de comportement même si chacun reste, bien sûr, libre de ses choix ! Certains chapitres, résolument pratiques, seront un retour à l'évidence, comme la redécouverte des fruits et légumes de saison accompagnée de recettes simples. D'autres, plus théoriques, étayeront cette nouvelle attitude par son implication face aux conséquences de la mondialisation et la prise en compte du réchauffement climatique. En effet, nous verrons que l'analyse de la provenance de nos aliments nous fait côtoyer les problèmes de survie de notre société occidentale et de la sauvegarde de la planète. Le rôle que nous tenons dans cette histoire n'est pas forcément celui que nous aimerions jouer. Cette double approche devrait satisfaire autant ceux qui recherchent des conseils à mettre tout de suite en pratique que ceux qui sont déjà en route et souhaitent étayer leur démarche par une argumentation plus fouillée.

En bref : un itinéraire balisé par des éléments de réflexion.

De prime abord, je voudrais placer cette approche sous des auspices positifs, balayer d'un revers de main tout catastrophisme pour parier sur l'espoir, sans nous attabler de force devant une soupe à la grimace ! Il y a, certes, une prise de conscience à effectuer. Elle peut être douloureuse, mais qu'elle ne nous fasse pas oublier le bonheur d'un repas convivial ! À la fin de l'exercice, si certains lecteurs deviennent des « locavores » convaincus, je souhaite que tous acquièrent un nouveau regard sur le contenu de leur assiette, signe annonciateur d'un changement possible.

Et je vous glisse à l'oreille que, si cet ouvrage traite de l'alimentation, il est bien sûr permis d'étendre cette analyse à tous les secteurs de la consommation pour atteindre une vision globale.

Chapitre 1

Vous avez dit « locavore » pourquoi ?

Un tour de piste, du consommateur au producteur, met en évidence la complexité de l'approvisionnement alimentaire contemporain, son incidence sur la répartition des richesses, la disparition des petites exploitations agricoles sous toutes les latitudes et son lien avec le réchauffement climatique.

Tout va très bien, Madame la Marquise !

Nous vivons dans ce qu'il devenu commun d'appeler un « village planétaire » ; nous faisons nos achats sur un étalage international, tout ou presque est à portée de main, une abondance digne du pays de Cocagne ! Nos ancêtres avaient inauguré la route des épices, celle de la soie, ils ont ensuite pu importer les « denrées coloniales ». Il faut reconnaître que nous faisons beaucoup mieux : tout peut venir de partout, du jour au lendemain, que ce soit par route, par mer ou par les airs. Serait-ce préjudiciable ?

Au marché du quartier comme dans la grande surface, les légumes n'ont plus de saison. Vous avez envie d'une ratatouille, rien de plus facile, les ingrédients sont présents tout au long de l'année. Finie la grisaille des mois d'hiver sans crudités. Pourquoi se creuser la tête pour préparer des menus différents au fil des mois, serait-ce mauvais pour la santé ?

Les cultivateurs de nos régions ont parfois l'humeur à la grogne, ils se sentent floués par les arrivages massifs de denrées alimentaires provenant de l'autre bout de

la terre, à des prix défiant toute concurrence. Mais n'est-il pas logique que le consommateur recherche le moins cher? Si les cultures régionales ne sont plus rentables, faut-il vraiment continuer à les soutenir par des subventions prélevées sur nos impôts?
Le marché aux fleurs nous enchante de belles roses multicolores venues par avion, au cœur de l'hiver. On imagine la manne que cela représente pour les cultivateurs du Kenya, bénéficiant parfois même de conditions de travail équitables. N'avons-nous pas le devoir moral de participer à cet échange commercial?

Assis à la table planétaire, nous profitons d'une offre fantastique. Les habitudes alimentaires changent, ne vont-elles pas dans le sens du progrès.

Le grain de sable dans l'assiette…

Que répondre à ces remarques de bon sens populaire ? Avec un brin de curiosité, on découvre, dans ce monde apparemment parfait, des petits signes qui amènent quelques interrogations. Par exemple, pourquoi les rayons bio des supermarchés occupent-ils davantage de place? Que penser des informations qui circulent sur les « poisons de notre assiette[1] »? Ou d'un reportage télévisé sur les conditions de travail des saisonniers en Espagne? Des épidémies virales touchant les humains sont mises en relation avec les élevages intensifs de volaille, des doutes sont émis quant à l'omniprésence d'additifs alimentaires, de colorants, d'agents conservateurs, etc. Quelques-uns de nos enfants cultivent un jardin scolaire[2], des paniers de légumes frais sont acheminés directement de chez le producteur, les jardins familiaux ont la côte, etc. Pourquoi ? Dans la foulée on entend parler de « locavores ». Est-ce une nouvelle mode?

Un peu d'histoire

En 2006, un couple d'écrivains canadiens, Alisa Smith et James Mackinnon, décide de se nourrir exclusivement des aliments produits dans un rayon de 160 km autour de chez eux. Cette expérience, relatée dans leur livre The 100 miles diet[3] a nécessité du temps, de l'imagination et de la ténacité. D'autres personnes les ont suivis, enrichissant ainsi les modalités de ce processus qui n'était pas évident au départ. En 2007 « locavore » en anglais a été proclamé « mot de l'année » par le New Oxford American Dictionary. Encore peu connu, ce terme signifie bien manger « vore » ce qui est du lieu « local ». Nous ne serons pas les seuls à l'utiliser, on en parle dans des articles de journaux, des ouvrages paraissent sur le sujet, des sites y sont consacrés sur le net, autant d'expériences, de conseils, de récits imagés... ou de récupération un brin commerciale avec des propositions du style « kit du locavore »...

Le mot « locavore » désigne un comportement alimentaire que le monde a connu jusque dans le courant du XXe siècle. **Donc rien de nouveau, nos ancêtres étaient locavores sans le savoir !** Aujourd'hui, curieusement, nous ne le sommes plus. Pire encore, nous verrons combien c'est compliqué, voire impossible, de consommer uniquement les produits locaux. Nos prédécesseurs n'avaient pas d'alternative. Et nous, quelles possibilités avons-nous ? Dans quelle mesure pouvons-nous choisir nos aliments ? Quel serait l'intérêt d'être locavore ?

Le petit plus

J'ai bien apprécié le livre de Barbara Kingsolver, écrivain des États-Unis : *Un jardin dans les Appalaches*[4]. Retrouvant la campagne de son enfance, elle se donne pour défi de produire sur place la plus grande partie de ce qu'il faut pour nourrir sa famille de quatre personnes. Son objectif dépasse l'option locavore pour tendre à l'autosuffisance. Aidée des siens, elle y consacre du temps, mais ne s'interdit pas de recourir, exceptionnellement, au marché du coin. Ayant bouclé le cycle annuel de manière satisfaisante, sa « conversion » s'inscrit avec bonheur dans la durée. À la lire, j'ai retrouvé cet élan magnifique que nous avons connu dans les années soixante-dix où la recherche d'autarcie fleurissait dans les milieux alternatifs et nous donnait un délicieux sentiment de liberté...

Il faut relever que les habitudes alimentaires du Nouveau Monde sont beaucoup plus « artificielles » que celles de nos régions où nous avons gardé des racines terriennes et des traditions culinaires encore vivantes. Le témoignage de Barbara Kingsolver est d'autant plus important qu'il va vraiment à contre-courant de cette société de consommation tentaculaire qui cherche à s'implanter chez nous.

Locavore : un retour en arrière ou un gage d'avenir ?

Plus près d'ici, le livre d'Anne-Sophie Novel, *Le guide du locavore*[5], représente une mine d'informations bien référencées, ou encore *Les fraises en hiver*[6], de Claude Marie Vadrot qui traquc sur toute la planète les absurdités du trafic commercial lié à la nourriture. Dans ce domaine, René Longet fait figure de précurseur avec ses deux petits ouvrages *Fruits et légumes de saison*[7] et *Pourquoi manger local*[8] ?.

La mutation du consommateur

Pourquoi devenir locavore ? Les trois mots de cette question résument à eux seuls l'essentiel du problème ! Mais oui ! Pourquoi n'est-ce pas évident de manger ce qui est produit autour de chez nous ? Comment et pourquoi devrions-nous « devenir » locavore ? Comment se fait-il que nous ne le soyons plus ?

Ces soixante dernières années ont vu des changements radicaux dans le mode de vie occidental : l'avènement de la société de consommation a engendré le statut de consommateur, le développement de l'agrochimie a transformé la condition paysanne, la mondialisation a bouleversé les repères régionaux. Dans ces trois domaines, quels sont les éléments qui ont eu une incidence directe sur notre alimentation ?

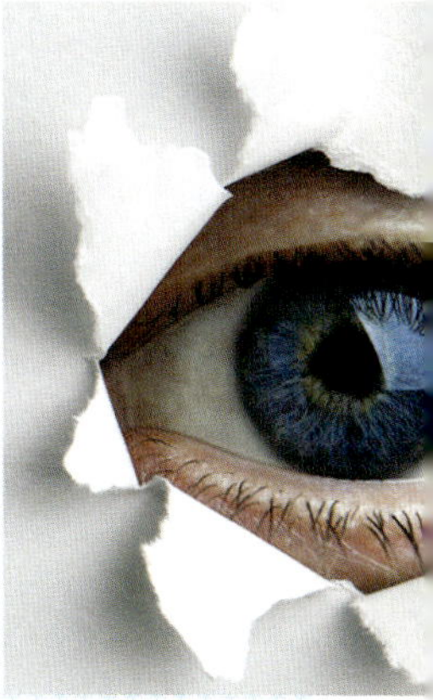

Tout commence par la curiosité...

C'est vrai pourquoi ne pas goûter ce qui pousse sous d'autres climats ? Découvrir une autre cuisine, d'autres aliments ? On a évoqué plus haut la route des épices, c'est un peu la même démarche qui a conduit, il y a bien longtemps, les premières oranges, les bananes sur les tables continentales. Sans douleur, sans dégagement de CO_2 intempestif. Contrairement aux denrées acheminées maintenant par avion, de l'ananas à l'avocat en passant par la mangue ou la papaye et d'autres encore...

Vient l'impatience...

La machine a commencé à s'emballer lorsqu'on a voulu manger des produits hors saison, sans attendre... Vite, il nous faut profiter de tout ce qui peut être à notre portée. Nous avons tous besoin de manger pour vivre, mais déguster l'aliment rare, n'est-ce pas aussi une manière de vivre plus intensément, nous en avons tellement envie...

Pour aboutir au désir...

... qui s'est substitué à la notion de besoin. Et là, il y a de quoi perdre les pédales ! Nous sommes précipités dans une spirale sans fin : c'est l'omniprésence du désir grâce aux moyens de le susciter et de le satisfaire. Un magnifique programme mis en œuvre par la publicité au service du marketing dans le royaume de la consommation ! Dans tous les domaines, tout se vend, tout s'achète ; la frustration apparaît comme un frein intolérable à l'épanouissement individuel. Pour aboutir à la fameuse justification « Parce que je le vaux bien... » qui va nous mettre des œillères inamovibles à nous, consommateurs que nous sommes. Pour opérer ce tour de force, les promoteurs commerciaux vont partir de connaissances psychologiques élémentaires et les exploiter avec des techniques de plus en plus efficaces et pernicieuses.

Et nous voici alors enfermés dans la dépendance ! Le marketing nous a pris en otage en transformant le besoin vital de manger en désir à satisfaire.

Le paysan devient exploitant agricole

Alors que le consommateur est pris en main par le marketing, dans le même temps, les producteurs sont mis sous tutelle. Au sortir de la seconde guerre mondiale, l'agriculture amorce un virage radical, avec la mise sur le marché, à grande échelle, de pesticides

dérivés des gaz de combat, d'herbicides, de fongicides. Autant de produits chimiques visant à détruire sans pitié ce qui dérange – comme l'indique leur terminaison « cide » qui veut dire tuer. Simultanément, les laboratoires synthétisent des molécules semblables aux hormones de croissance qui stimulent les cultures. Durant une cinquantaine d'années, c'est l'âge d'or de l'agrochimie, les fumures traditionnelles sont relayées par des engrais chimiques, dont la célèbre formule NPK (azote, phosphore, potassium). La nature est dopée, c'est l'ivresse devant la quantité produite, on ne se préoccupe pas de la qualité, encore moins d'éventuels effets indésirables. À l'image du rêve américain, le paysan de nos régions se transforme en exploitant agricole, le remaniement parcellaire élargit les limites de son champ pour ses tracteurs et autres engins qui ont besoin d'espace. Il est conseillé par des spécialistes qui lui fournissent engrais, produits phytosanitaires puis semences et l'incitent à se spécialiser pour mieux rentabiliser son exploitation, tandis que les banquiers lui proposent, sous conditions, les indispensables crédits.

Aujourd'hui, nous sommes amenés à poser un autre regard sur cette révolution agricole, car c'est bien de cela qu'il s'agit. Nous avons des étalages qui regorgent de denrées alimentaires, mais, simultanément, nous voyons notre environnement naturel profondément mis à mal, tandis que **le paysan de chez nous, premier maillon indispensable à la survie de l'espèce, est en voie de disparition.** En effet, souvent asservi aux banques, il a le couteau sur la gorge. C'est la fin des petits domaines familiaux décrétés non viables à cause de leur taille, la disparition du paysan généraliste qui ne trouve pas de débouchés pour une production diversifiée en trop faible quantité; c'est l'exode rural qui frappe de nombreuses régions en France, alors qu'en Suisse les courtes distances favorisent l'implantation de citadins à la campagne. **Une ferme disparaît toutes les 30 minutes en France, toutes les 3 minutes en Europe.** Si 48 % de la population mondiale est affectée à l'agriculture, il n'en reste que 3-4 % dans les régions industrialisées[9].

Quels sont les facteurs qui justifient cette évolution ? Est-ce une rationalisation utile ? La délocalisation garantit-elle à chacun l'accès à la nourriture ? Pourquoi un métier si essentiel à la survie des hommes est-il condamné dans nos régions ? Quel est le prix à payer autant pour la planète

que pour l'humanité ? Qui tient les commandes, qui détient le pouvoir ?
Pour répondre à cette dernière question, il suffit de chercher ceux qui profitent de la situation et de ses retombées financières. Il est curieux de constater que le gâteau ne se partage qu'en quelques tranches...

Le pourcentage des parts détenues à chaque fois par les dix plus grandes entreprises de l'agrochimie dénote une concentration impressionnante :

90 % du marché des pesticides dont 19 % à la société suisse Syngenta® (issue de Novartis)
55 % du marché des engrais
75 % du marché des semences, dont 27 % par Monsanto®, coproducteur du gaz défoliant Orange utilisé lors de la guerre du Vietnam et à l'origine de millions de victimes, champion du Round up, l'herbicide le plus vendu dans le monde, et détenteur des 90 % du marché des OGM (organismesgénétiquement modifiés)[10]

On retrouve une concentration similaire dans le domaine de la production animale via les semences reproductrices. En ce qui concerne les volailles, par exemple, la production mondiale de matériel génétique concentre les 99 % de son marché entre les mains de quatre entreprises[11] seulement.

Dans le petit élevage du coin les poulets, nourris avec des aliments bio, grandissent certainement en plein air, mais dans la grande majorité des cas, ils sont issus de poussins brevetés provenant d'élevage intensif, les poules communes sont devenues incapables de couver leurs propres œufs.

Ces pratiques ont des conséquences catastrophiques sur la biodiversité animale, les semences reproductrices sélectionnées entraînent la disparition irréversible des espèces régionales, à tel point que les animaux deviennent tous parents entre eux. On ne compte plus qu'une vingtaine d'espèces de volailles, les millions de bovins et porcins sont réduits à moins de cent types génétiques...

La nouvelle réglementation des semences végétales induit un appauvrissement similaire. Pire encore, interdisant l'utilisation de semences indigènes, elle instaure, tout autour de la planète, le monopole des graines. Ce qui signifie l'interdiction d'utiliser ses propres semences et l'obligation d'en acheter. Un scandale dont on ne mesure pas toute l'ampleur. Il a déjà conduit au suicide des milliers de paysans indiens et certainement à la faillite des centaines de milliers d'autres à travers le monde.[12]

À ce stade, **il nous faut tirer un coup de chapeau à la petite association Kokopelli[13] qui se bat contre les géants et s'engage avec ténacité pour sauvegarder la biodiversité potagère.** Son site permet de suivre ses démêlés actuels avec les instances de Bruxelles.

Cette évolution est rendue possible par une complicité – plus ou moins avouée – entre les États et les multinationales. La notion de souveraineté alimentaire n'est plus une priorité nationale. Pour réguler le trafic de denrées alimentaires, un panel de lois profite essentiellement aux distributeurs – avec le GATT dès 1947 (General Agreement on Tarifs and Trade, ou en français : Accord général sur les tarifs douaniers et le commerce), puis l'OMC (Organisation mondiale du commerce) dès 1994 et la levée des mesures protectionnistes. C'est l'ouverture des frontières à la concurrence, l'arrivée sur le marché de denrées alimentaires produites de manière industrielle, par une main-d'œuvre bon marché. D'où la chute du prix d'achat des produits agricoles régionaux et la diminution des revenus paysans (moins 25 % en Suisse en 10 ans). Certaines denrées alimentaires – les céréales, les huiles, le cacao ou le café par exemple – deviennent des produits côtés en Bourse et leur prix est fixé par les multinationales ; ainsi un tiers du négoce mondial des céréales et des oléagineux se déroule à Genève[14]... Le producteur local n'a, bien sûr, plus rien à dire !

Face à ce triste tableau, il subsiste des « irréductibles » qui méritent notre respect et notre soutien. Des agriculteurs attachés à leur terre et à leur métier, qui ont eu la sagesse de résister à l'attrait de l'argent, et la force de survivre sans se laisser écraser par le rouleau compresseur de la production intensive. Dans le même contexte, la filière bio connaît un regain d'intérêt, elle encadre les exploitants d'un cahier des charges spécifique qui garantit la qualité auprès du consommateur. Il faut reconnaître que la législation helvétique a pris des dispositions positives dans ce domaine dès 1996, en ayant inscrit dans sa Constitution[15] le soutien officiel aux exploitations familiales et prévu des prestations liées à des directives écologiques. La diversité des biotopes sur un territoire relativement restreint favorise cette prise de conscience. Aux locavores de saisir cette opportunité pour retrouver le sens du vivant !

En effet, nous savons maintenant que:

- ➔ l'agrochimie impose ses pratiques au monde entier;
- ➔ l'intensification des techniques de cultures et d'élevages condamne à la faillite les exploitations locales et diversifiées de nos régions;
- ➔ l'ultralibéralisme transforme les aliments essentiels à la vie en produit financiers qui génèrent des profits réservés exclusivement aux spéculateurs;
- ➔ le marketing s'appuyant sur la publicité met en scène tous les protagonistes de cette sinistre farce et, parmi eux, les consommateurs que nous sommes...

Les agriculteurs sont pieds et poings liés par des impératifs qui leur échappent totalement, leur production est une marchandise soumise aux fluctuations de la Bourse, la recherche du profit maximal par les distributeurs signe la mort des petits paysans.

Et le CO2 ?

Alors que chacun est invité à limiter ses déplacements en voiture, ne serait-il pas juste d'étendre notre responsabilité personnelle au trafic international qui nous livre des denrées des quatre coins du monde et de rechercher une alternative plus respectueuse de l'environnement ?

Manger des produits locaux va, inévitablement, avoir une incidence sur les dégagements de CO2.

Quelques définitions de base :

- Le CO2, gaz carbonique ou dioxyde de carbone, est un élément indispensable dans la chaîne du vivant. On pourrait dire en simplifiant qu'il est émis par la respiration animale et absorbé par le règne végétal, qui, à son tour, va donner l'oxygène indispensable à la respiration animale. Tout se joue en parfaite complémentarité ! Si le CO2 naturel se trouve sous forme de trace dans l'atmosphère (0,038 %) l'utilisation massive des énergies fossiles entraîne une augmentation mesurable de sa présence. On a commencé avec l'exploitation du charbon, à l'époque de la révolution industrielle, pour suivre sans restriction aucune avec le pétrole, ses dérivés et le gaz naturel. On sait que ces énergies fossiles proviennent de la décomposition des végétaux enfouis dans le sol depuis des centaines de millions d'années. Il est donc normal que leur combustion dégage du CO_2. Le malheur, c'est que leur utilisation intensive rompt l'équilibre originel. Ce phénomène est encore accentué par la destruction des forêts (en Amazonie, par exemple) qui jouent un rôle primordial dans l'absorption du gaz carbonique.

→ Le CO_2 n'est pas seul en cause. On parle beaucoup de gaz à effet de serre. Qu'est-ce au juste? Un petit rappel: l'atmosphère se compose essentiellement d'azote et d'oxygène. Son rôle principal est de permettre la vie sur Terre, elle absorbe les ultraviolets émis par le Soleil et, en retenant sa chaleur pour éviter les gros écarts de température, elle produit un effet de serre comme dans celle où poussent les légumes. Ce phénomène est aggravé par la présence de gaz émis dans l'atmosphère par les activités humaines. Nous avons parlé du CO_2, il faut lui ajouter d'autres gaz comme l'ozone, le protoxyde d'azote, le méthane, tous certes en quantités infimes par rapport à la masse totale de l'air. Mais ensemble, ils constituent

les gaz à effet de serre (GES), et provoquent le déséquilibre visible du réchauffement climatique.

- Le protocole de Kyoto[16], ratifié en 1997 sous l'égide de l'ONU, exige que les États signataires engagent un processus de réduction des GES. Malheureusement, les plus pollueurs n'ont pas signé ce protocole – USA en particulier. Le GIEC[17] (Groupe d'experts intergouvernemental sur l'évolution du climat) a pour mission d'évaluer la situation et d'envisager des stratégies de correction. Ses propositions sont nettement plus restrictives que celles du protocole de Kyoto. Mais les enjeux politiques et économiques paralysent toute avancée dans cette direction et les différentes conférences internationales consacrées à cette question primordiale échouent lamentablement.

L'agriculture

À côté de toutes les activités industrielles, des transports, du chauffage et de l'éclairage, l'agriculture conventionnelle participe, elle aussi, à l'émission de GES, à hauteur de 18 % des émissions totales brutes en France (2007). Il s'agit principalement du protoxyde d'azote (56 %), du méthane (33 %) et du CO_2 (11 %) (Institut national de la recherche agronomique en France)[18]. Le méthane qui apparaît ici est dû essentiellement à l'élevage. L'agriculture biologique a un impact moindre, surtout en ce qui concerne le protoxyde d'azote et le gaz carbonique. Nous aurons l'occasion de revenir sur cette différence importante.

Les moyens de transport

Tous les véhicules à moteur émettent des gaz d'échappement qui contiennent 95 % de CO_2 et participent à l'aggravation du réchauffement climatique. Il faut reconnaître que les voitures particulières sont responsables de plus de la moitié du CO_2 émis sur la route, le reste se partageant entre les poids lourds et les véhicules utilitaires légers. Le diesel dégage, en outre, d'autres gaz toxiques et des particules fines qui empoisonnent l'air que nous respirons[19].

Des estimations font apparaître qu'un repas moyen parcourt actuellement 3 000 km avant d'arriver dans notre assiette, soit 25 % de plus qu'en 1980. Qu'un yogourt peut comptabiliser jusqu'à 9 000 km... Une partie de ces transports se fait en avion, donc bien sûr avec un dégagement de GES. Le locavore ne sera plus concerné mais attention, les statistiques démontrent qu'un trajet en voiture sur cinq concerne les déplacements aux centres commerciaux, donc autant de dégagement de CO2 à prendre en compte[20].

Même si ce n'est qu'un élément parmi d'autres, il est indéniable que le transport de nos denrées alimentaires a une part de responsabilité dans l'émission des GES. Dans la démarche locavore, le critère kilométrique permet de différencier clairement ce qui est de proximité de ce qui vient d'ailleurs.

Le transport des denrées alimentaires participe à l'émission de CO2. Le locavore utilise cette donnée comme critère de base.

Coup de gueule!

Si je me positionne en tant que locavore, c'est pour alimenter – le jeu de mots est fort – ma foi en l'avenir! C'est aussi parce que j'ai la conviction profonde que nous avons quelque chose à dire et que nous devons le dire.

Quand je constate l'ampleur des dégâts à l'échelle mondiale, tant par le mépris de populations entières que par le pillage des ressources de la planète, alors je m'insurge !

Quand je réalise que des multinationales décident de notre menu à tous, alors je pars cultiver n'importe quel lopin de terre !

Quand, dans un flash insupportable, je nous découvre tous, du petit producteur au consommateur de bonne foi, asservis aux bénéfices scandaleux d'une poignée de sociétés cotées en Bourse, qui se fichent pas mal que des milliards de gens crèvent de faim, alors... alors je pars en guerre et vous emmène volontiers avec moi !

En guerre contre un monde qui n'a plus de respect pour l'être humain, pour la vie, pour la nature ; un monde qui a bradé l'avenir de ses enfants, saccagé la biodiversité pour des profits à court terme ; un monde de folie qui exploite la créativité humaine à sa propre destruction, qui gaspille les richesses naturelles pour faire fructifier les capitaux, qui n'a plus de morale. Je crie trop fort ?

Je crie grâce pour les populations africaines qui épuisent leurs champs à gaver les ventres occidentaux de légumes hors saison, pour les terres amazoniennes transformées en pâturages qui nous fournissent des steaks à profusion, pour les productions sous serres du Sud de l'Espagne au sol gorgé de produits toxiques pour achalander nos marchés au creux de l'hiver. Je crie grâce pour tous ces petits paysans acculés à la faillite tout près de chez moi, pour tous ceux qui n'ont plus le goût de vivre, tant ils sont asphyxiés par les banques ou les multinationales de la chimie agricole...

Je ne veux plus être une complice passive de ces aberrations, de ces exactions criminelles. Je revendique la liberté de manger ce qui est produit autour de chez moi, sans frustration même si c'est moins varié. Le droit de choisir moi-même ce qui se trouvera dans mon assiette, ou celle de mes proches, même s'il me faut réapprendre des gestes essentiels, ou que je nage à contre-courant.
Que manger ne garantisse pas seulement ma survie, mais aussi et surtout celle de la planète et de ses habitants. Alors ma nourriture sera vraiment synonyme de vie et d'espoir et j'aurai la satisfaction d'apporter ma petite contribution à la gestion du monde !

Partir en guerre contre le pillage de toutes les ressources voilà qui nous ramènera simplement les pieds sur la Terre !

Le locavore nous montre le chemin.

Si vous voulez bien me suivre dans cette croisade, vous aurez des défis à relever. Mais au bout du compte, nous allons ressortir enrichis de toutes les merveilles de la création, de la découverte de saveurs oubliées, de l'ingéniosité de techniques culinaires dites révolues, de complicités nouvelles avec ceux qui produisent ces aliments qui nous font vivre. Nous allons nous sentir vivants, les pieds bien enracinés dans cette bonne vieille terre et la tête pleine de rêves ensoleillés. Suis-je en train de vous formater pour vous faire avaler la pilule du changement ? Certainement ! Mais j'espère que vous ne le regretterez pas.

Chapitre 2

État des lieux et point de départ

Après avoir défini les critères de sélection du locavore, passons en revue les différentes catégories d'aliments qui se trouvent dans notre caddie et notre armoire à provisions. Un vrai travail de détective qui nécessite patience et persévérance, avec un résultat parfois surprenant, ou des contraintes difficiles à mettre en œuvre… Ce sera l'art du compromis !

Les règles du jeu

Pour toutes les raisons que nous venons d'évoquer, nous décidons maintenant de passer à la pratique et définissons les règles du jeu.

Les limites géographiques : 160 km autour du lieu de vie, ou de vacances si on a la chance d'en prendre. On conserve ainsi les 100 miles des pionniers.

Les produits concernés : tout ce qui va dans notre assiette.

Les moyens utilisés : une approche progressive !

Sans oublier que...

Les compromis seront inévitables.

La tolérance indispensable, tout comme la patience.

L'humour nous sauvera de la morosité !

À ce stade, il faut bien reconnaître que nous ne sommes pas tous égaux : il y a ceux qui vivent dans une région où tout pousse, ceux qui ont la mer à portée de main, ceux qui ont un magnifique jardin potager à disposition, ceux qui sont au cœur de la cité, ceux qui n'ont qu'à acheter leur panier de produits frais directement chez le fermier du coin, ceux qui sont tellement stressés qu'ils ne connaissent que le rayon des surgelés, ceux qui ont de la peine à joindre les deux bouts et fréquentent uniquement les discounts, ceux qui vivent seuls et ceux qui ont charge de famille, ceux qui bénéficient d'une santé de fer et ceux qui souffrent de maladies plus ou moins graves, etc.

C'est pourquoi, je parle de compromis, sans aucun jugement de valeur. On fait ce qu'on peut, le plus important, c'est la prise de conscience, et les transformations se feront petit à petit. Je suis certaine que chacun à son échelle peut faire un pas dans cette direction et contribuer à la sauvegarde de la planète. Que l'on soit riche ou pauvre, jeune ou vieux, la démarche est porteuse d'espoir et de surprises gratifiantes. Elle sera d'autant plus lumineuse et contagieuse que nous y aurons trouvé du plaisir, sans casser les pieds à notre entourage ! Parce que, mine de rien, une attitude dogmatique, ce n'est pas un bon plan pour faire des émules.

Nous limitons notre terrain de « chasse » à 160 km autour de chez nous.

Attention au dogmatisme !

Deux unités de mesure

Avant de passer en revue nos placards à provisions, arrêtons-nous un instant sur deux notions étroitement liées et qui sont parfois confondues : le bilan carbone et l'empreinte écologique

Le « bilan carbone » d'un produit quelconque regroupe la totalité des gaz à effet de serre générés par sa culture, sa fabrication, sa transformation, son emballage, sa distribution, sa consommation et sa destruction. Ce bilan s'exprime en gramme d'équivalents CO_2.

Il est plus facile à calculer pour des articles tels que l'électroménager ou l'informatique mais il est tout de même intéressant de l'évaluer pour les aliments[21]. Une directive du Grenelle de l'environnement (France) demande que le bilan CO_2 d'un certain nombre de denrées alimentaires soit indiqué sur l'étiquette, dans lequel interviennent le mode de culture et le transport. Ce n'est pas encore entré dans les mœurs…

« L'empreinte écologique » évalue ce que chacun de nous « exige » de la planète pour satisfaire ses besoins annuels. Cette notion est calculée par rapport à la surface de terre qu'il faudrait cultiver et laisser se régénérer

pour répondre à cette demande. Elle fait intervenir le mode de vie, l'habitat et son équipement, les achats globaux, les déplacements, les loisirs, etc. C'est une notion complexe qui s'exprime en hectares globaux (hag) et correspond à la productivité moyenne de cet hectare de référence. Elle est étroitement liée au niveau de consommation des populations et permet de les comparer entre elles. Par cette approche on peut évaluer les surfaces virtuelles respectivement consommées, et le résultat permet de constater, par exemple, que les habitants des USA en viennent à avoir besoin de plus de cinq planètes par année tandis que les Africains en utilisent moins d'une. Un Français moyen exploite environ deux planètes et demi par an. Précisons que personne ne devrait avoir besoin de plus d'une seule planète...

Des sites sur le net, comme celui de l'ADEME[22] (Agence du développement et de la maîtrise de l'énergie, France), permettent de calculer notre propre bilan carbone, tandis que le WWF nous propose de faire l'estimation de notre empreinte écologique[23].

Le bilan carbone et l'empreinte écologique nous donnent une mesure objective de l'impact de notre consommation sur le réchauffement climatique.

Les produits alimentaires concernés

Notre nourriture originelle était issue exclusivement de l'agriculture, du maraîchage, de l'élevage, de la chasse et de la pêche, du travail des hommes.

Actuellement, on estime que les produits frais représentent 20 % des achats alimentaires, le reste étant majoritairement issu de l'industrie agroalimentaire. Que trouve-t-on dans les 80 % restant ? Pour une faible part, des produits qui, autrefois, garnissaient à eux seuls les rayons des épiceries : sel, sucre, farines, riz, pâtes, huile, vinaigre, vin et alcools, chocolat, thé et café que nous appellerons produits de base et qui grosso modo sont peu « énergivores », tant pour leur préparation que pour leur conservation. Par analogie, les produits laitiers peuvent être associés à cette catégorie, ainsi que la charcuterie et le pain.

Nous vivons dans des régions tempérées et, conformément à nos critères géographiques, nous devrions pouvoir acheter l'essentiel des produits de base énumérés ci-dessus. Pour le savoir, le plus simple serait de regarder ce qui est mentionné sur l'étiquette. La provenance est une donnée obligatoire en Suisse, pas encore en France.

Trucs et astuces

Le système du « code-barres » pourrait être utile à notre démarche. En dessous des barres figure une série de 8 à 13 chiffres, les premiers depuis la gauche indiquant le pays d'origine, 760-769 pour la Suisse et 300 - 379 pour la France, 540 - 549 pour la Belgique. Malheureusement, le conditionnement peut se faire avec des produits venant de régions très différentes et éloignées, seul sera mentionné le pays de la dernière manipulation. Du maïs produit au Mexique pourrait être concassé en Suisse, donc porter le code 760. Du poulet élevé en Corée sera débité en France donc étiqueté comme français.
De plus, il semble que le code relatif à la Chine (690 - 693) soit de plus en plus occulté pour ne pas décourager l'acheteur... Donc pas de certitude absolue quant aux indications du code-barres[24].

Parmi les céréales, il est certain que le blé, l'avoine, le seigle, l'orge, le maïs et le millet peuvent pousser dans nos régions tempérées. Le sarrasin également. Le riz s'acclimate fort bien en Camargue ou dans le Nord de l'Italie, donc selon le lieu où nous habitons, notre étalon distance doit devenir élastique. Source importante de protéines végétales, il faut citer les légumineuses de longue conservation, traditionnellement les lentilles et les haricots secs de toutes sortes.

Le pois chiche demande de la chaleur, il préfère le Sud de la France, le soja peut pousser sous nos climats, mais il est souvent destiné à l'alimentation animale.
Quoi encore ? L'huile d'olive du commerce, qu'elle soit bio ou non, vient essentiellement d'Espagne, de Grèce, de Tunisie ou de plus loin encore. La production française est très limitée et, malheureusement, réservée à un commerce de luxe, une AOC a été créé pour la protéger face à ses concurrents bon marché. Le tournesol et le colza mûrissent bien dans nos régions et sont pressés dans les huileries industrielles locales. La France produisait assez de colza pour sa propre consommation jusqu'au jour où on a eu l'idée bizarre de l'utiliser dans les moteurs... dès lors on en importe !
On trouve des huiles artisanales de noix et de noisettes. Par contre, l'huile d'arachide est tout à fait étrangère, sans hésiter on la supprime de nos réserves !
Il en va de même pour les huiles de coco, de palme ou d'autre origine dite « végétale » sans précision supplémentaire.

L'huile de palme est un véritable poison depuis sa production qui représente un réel danger pour la biodiversité – cultures intensives à un rythme effréné avec exploitation

Le petit plus

Un petit détour du côté de l'huile de palme qui représente aujourd'hui le quart des huiles consommées sur la planète, loin devant les autres huiles et ce chiffre est en constante augmentation. D'où vient cet engouement pour cette nouvelle recrue de l'industrie agroalimentaire internationale ? Tout d'abord parce qu'elle réunit les deux qualités essentielles pour être un bon produit : son haut rendement – dix fois plus élevé que le soja par exemple – et son faible coût grâce à sa production exclusive dans les pays défavorisés. Les palmiers à huile produisent des fruits tous les mois deux fois par mois durant 25 ans environ. L'extraction de l'huile doit se faire sur place.
Il faut ajouter qu'elle présente des qualités physicochimiques telles qu'elle est facile à utiliser et biologiques avec, entre autre, une forte teneur en bêtacarotène (davantage que la carotte) et en vitamine E. Mais les traitements à haute température (raffinage surtout) font disparaître ces derniers avantages. De plus, avec le recul on diagnostique son incidence néfaste sur la santé, en particulier sur la fréquence des maladies cardiovasculaires.
L'huile de palme est aujourd'hui omniprésente dans notre vie : 80 % dans l'alimentation où elle est pudiquement désignée sous l'appellation « huile végétale », dans la cosmétique, même dans le savon de Marseille et, de plus en plus, dans les agrocarburants.

d'une main-d'œuvre bon marché – jusqu'à sa consommation qui détruit nos artères à petit feu. Donc à exclure impérativement, le locavore l'avait déjà compris !

Le sel est extrait de la mer ou des roches de la montagne. Ce dernier est enrichi artificiellement en iode, voire en fluor, éléments intrinsèques du sel marin qui contient également d'autres oligoéléments.

Leurs qualités nutritionnelles sont donc très différentes.

Et le sucre ? Si on veut maintenir le critère de base, ce sera obligatoirement le sucre de betteraves, produit en grande quantité en France comme en Suisse. Malheureusement sans aucune valeur nutritive à part les calories !

Fidèle au critère géographique, le locavore se passera de sucre de canne ; choix qui sera confirmé si l'on se penche sur les conditions de production, tant du point de vue écologique que social.

Un calcul insolite : à bien y regarder, les chiffres nous disent quelque chose d'étrange : 1 kg de sucre de betteraves raffiné dans nos régions dégage davantage de CO_2 que celui qui vient de Colombie ! Étonnant :

590 g pour le sucre de betterave,

410 g pour le sucre de canne venu de Colombie

340 g de même provenance mais de culture bio.

Conclusion : la charge environnementale provient de la fabrication plus que du transport[25].

Même si le commerce équitable assure certaines garanties, il reste marginal et nous verrons plus loin que ces pratiques n'empêchent pas un appauvrissement des ressources vivrières des pays concernés. Il en va de même pour le cacao, le café sauf que là nous n'avons pas d'alternative régionale.

À notre niveau, il faut retenir deux choses : La première est que si nous nous approvisionnons dans la grande distribution, il est impossible de connaître l'origine géographique des céréales que nous mangeons et de l'huile que nous consommons. Le tournesol ou le blé ont peut-être poussé dans le coin, mais ils seront souvent mélangés à des variétés étrangères avant d'être transformés et vendus à l'étalage. Ces incertitudes ressortent clairement, par exemple, de l'étiquetage des produits distribués par une grande surface helvétique, un paquet de farine peut provenir de blé suisse, européen ou d'Amérique du Nord... Le libellé de l'étiquette mentionne simultanément toutes les possibilités ! Le commerçant respecte peut-être la loi, mais le consommateur n'est pas réellement informé...
Par contre, et c'est la seconde information, il est important de savoir que ces cultures

sont compatibles avec nos sols et nos climats, qu'elles font partie de notre histoire, de nos traditions. Elles sont délocalisées pour des questions de rentabilité.
En tant que consommateur, n'aurions-nous pas le pouvoir d'œuvrer pour leur retour dans notre environnement proche ? Cette proposition va dans le sens de toutes les petites initiatives que nous pouvons découvrir dans notre entourage. Petites gouttes d'eau dans la mer, elles se multiplient, se transmettent par le bouche à oreilles, par le net et constituent un véritable réseau. Un agriculteur bio de mon village a repris la culture du sarrasin, par exemple. Le millet, qui avait disparu en Suisse, est à nouveau présent, soutenu par les associations bio. Les huileries artisanales ont réactivé leurs moulins. C'est aussi le cas du colza, son huile était autrefois uniquement destinée au commerce traditionnel, elle arrive maintenant sur le marché en qualité bio, pressée dans des moulins de tradition familiale. Le lin est revenu tant aux champs qu'au moulin...

On sous-estime trop souvent le pouvoir du consommateur. Nous reprendrons ce sujet lorsque nous aurons fait le tour de tout ce qui remplit notre panier.

À première vue, **l'essentiel des aliments de base pourrait être de proximité : céréales, légumineuses, huiles, sel et sucre.** Ils ne le sont pas toujours

Les épices

Avant de poursuivre, faisons un petit détour et suivons, comme évoqué plus haut, la « route des épices ».

Il est évident que les épices viennent de loin. Par contre, elles ne pèsent pas lourd dans notre panier ni sur l'environnement, car elles ne sont pas transportées dans des camions frigorifiques. Elles ont le charme de nous relier à de lointains horizons, faut-il se priver de leur part de rêve ? À vous d'en décider !

Un peu d'histoire

Les épices, d'origine végétale, sont connues depuis l'Antiquité, parées de diverses vertus et souvent originaires d'Asie. Les Arabes en ont été les premiers importateurs en Europe, via Venise. Encouragés par les voyages de Vasco de Gama, les Portugais ont suivi, puis les Espagnols avec la découverte de l'Amérique. Au milieu du XVIIe siècle, les Français entrent dans la ronde avec la création du Comptoir des épices dans ce qui deviendra par la suite leurs lointaines colonies, où ils vont également développer des exploitations locales. Tant et si bien qu'il était habituel, dans ces temps reculés, d'utiliser déjà couramment safran, cannelle, curcuma, cardamome ou muscade.

Un peu d'histoire

Mais encore

François Pierre de La Varenne considéré comme le premier cuisinier moderne de l'histoire française publie, en 1654, un livre de cuisine[26] où il revisite entièrement les pratiques culinaires héritées du Moyen Âge. Il rejette l'emploi des épices à l'exception du poivre, pour les remplacer par les fines herbes locales toujours utilisées de nos jours (persil, thym, laurier, sauge, estragon, etc.) et que nous trouvons aussi bien dans nos jardins, sur le rebord de nos fenêtres ou en sachet dans le commerce.

Tableau récapitulatif des denrées de base

Denrées	**Compatible**	**Non compatible**	**Selon la région**
Céréales ou pseudo-céréales	Avoine, blé, froment, maïs, millet, orge, sarrasin	Quinoa, amarante	Riz
Légumineuses	Haricots secs, lentilles, pois, soja		Pois chiches
Huiles	Colza, noisette, noix, tournesol	Arachide, coco, palme	Olive
Sel			Gemme ou marin, selon la situation géographique
Sucre	Betterave	Canne à sucre	
Produits exotiques		Cacao, chocolat-Café, thé, épices	

5. Les produits transformés

Accrochez-vous… vous allez me trouver dure, car je vous suggère d'éliminer sans remords toute la catégorie des produits préparés, congelés ou en conserve, les gratins qu'il suffit de passer au four, les charcuteries frauduleusement « artisanales », le saumon qui vient de loin, etc. À part bien sûr les spécialités régionales, si elles sont réellement confectionnées sur place. Les préparations industrielles font entrer dans leur composition une grande quantité d'éléments étrangers, donc « hors cercle » ; de plus leur fabrication nécessite un important investissement énergétique. Ce bilan est encore alourdi du fait que 20 % de ces produits finissent à la poubelle, date de péremption exige. J'inclus dans cette catégorie les innombrables dérivés du lait, crèmes et desserts qui ont envahi les rayons du secteur laitier et vous recommande les fabrications régionales plus sobres et plus savoureuses. Nous en reparlerons plus loin (chapitre IV) avec les produits d'origine animale. Je réserve un sort similaire aux mélanges de « céréales » qui semblent indispensables pour les petits-déjeuners

de nos enfants. Les margarines, allégées ou non, sont des inventions chimiques, n'hésitez pas à y renoncer. Toute la biscuiterie et les viennoiseries sous vide de la grande distribution subissent le même sort, celles de l'artisan sont tellement meilleures !
Cette étape sera difficile pour les personnes pressées qui ont l'habitude d'utiliser ces solutions toutes faites et qui ne verront pas comment s'en passer. Progressivement, c'est possible. C'est sûr qu'il faut changer ses repères en douceur, s'adapter à des saveurs inconnues, trouver de nouvelles habitudes et cela prend du temps. Mais votre santé et votre porte-monnaie vont apprécier cette cure d'amaigrissement !

Nous terminerons ce tour d'horizon par les boissons : dans la foulée, il est normal que je me débarrasse de tous les sodas, y compris celui dont on ne dit pas le nom. Je trie les jus de fruits pour donner préférence aux productions locales et ne vais pas regretter les boissons multivitaminées, bourrées de produits de synthèse. Et l'eau ? Dans nos pays occidentaux, nous avons la chance d'avoir de l'eau potable au robinet, son goût varie en fonction de la taille des localités, et on peut comprendre que certains d'entre nous aient pris l'habitude de consommer de l'eau en bouteille. Le Français consomme 90-100 litres d'eau en bouteille par an, c'est un record mondial qui génère 10 kg de déchet par an et par consommateur. Outre la question du transport de l'eau – les eaux en bouteille peuvent parcourir jusqu'à 2 500 km – il faut savoir que la fabrication, le remplissage, la réfrigération, le transport et l'élimination d'une bouteille en PET de 1 litre nécessitent 250 ml de pétrole[27]. Le pompage et le traitement viennent s'ajouter. Les experts s'accordent pour dire qu'une alimentation variée suffit à apporter les oligoéléments nécessaires à la santé, sans que nous ayons à les chercher dans les eaux dites minérales.

Parmi les boissons alcoolisées, il est relativement facile de trouver des bières artisanales de fabrication locale et la carte des vins régionaux devrait pouvoir satisfaire les plus exigeants. La mondialisation a également frappé dans ce domaine, nous privant de richesses locales marquées par le terroir au profit de grands crus uniformes produits n'importe où et n'importe comment[28].

Un grand coup de balai supprime toutes les denrées transformées industriellement. Difficile ? Oui, mais possible !

Un exemple concret

À titre d'exercice, nous terminerons ce chapitre en décortiquant un petit-déjeuner classique, tel qu'il est consommé par la majorité de nos concitoyens. Le jus d'orange incontournable provient de Californie ou d'Israël. Le bol de « céréales », version enrichie des fameux corn flakes venus d'outre Atlantique, est un assortiment d'une dizaine de composants qui seront délayés dans du lait upérisé déclaré apatride. Éventuellement des tartines, dans le meilleur des cas, c'est le pain du boulanger – mais, même là, on ne connaît pas l'origine du mélange de farines qui le compose. Un peu de margarine sans autre précision, éventuellement du beurre, qui affiche une vache normande, mais peut tout aussi bien avoir été produit dans les pays de l'Est. Confiture industrielle de nulle part ou miel peut-être local, mais le plus souvent d'Amérique du Sud. Thé d'origine asiatique, café d'Afrique, du Mexique ou d'Amérique du Sud. Sucre éventuellement de betteraves régionales, mais peut-être aussi extrait de cannes à sucre des Caraïbes ou du Venezuela.

L'interprétation optimiste serait de conclure : quelle chance de saluer la planète entière dès potron-minet, de voyager si loin à peu de frais... Le locavore n'a rien à dire, il cherche autre chose ! À son intention, voici deux propositions locales

Un peu d'histoire

Deux médecins suisses du siècle dernier ont laissé leur nom associé à des recettes de petit-déjeuner :
le docteur Bircher Benner[29] et la doctoresse Catherine Kousmine[30].

Le « bircher muesli » se compose de flocons d'avoine, de lait ou de yogourt avec quelques gouttes de jus de citron, d'une pomme râpée, éventuellement de raisins secs et de noisettes moulues. Formule de base qui peut être enrichie selon les goûts et les saisons. Alors qu'en Suisse on parle de « bircher », en France on a gardé le terme de « muesli » qui signifie « mélange » et par extension va s'appliquer à d'innombrables préparations commerciales.
La doctoresse Kousmine a appelé sa préparation « crème Budwig »[31] du nom d'une pharmacienne qui avait élaboré la première formule de cette spécialité. Elle a tenu à réunir dans cette recette les nutriments de base indispensables à une alimentation équilibrée : protéines animales du fromage blanc allégé de ses matières grasses, lipides et acides gras essentiels de l'huile de lin, protéines et glucides lents des céréales complètes et leurs vitamines préservées par une mouture fraîche, vitamine C du jus de citron, sucres naturels de la banane et d'autres fruits de saison, oligoéléments et acides gras des oléagineux. Un véritable plat de résistance qui peut être indigeste pour certains mais susceptible d'être adapté aux besoins du consommateur. Dans notre propos, nous

allons, bien sûr, supprimer la banane, à moins qu'elle ne pousse dans votre jardin, tout comme le citron !

Pour clore ce chapitre, voici une recette qui remplace avantageusement les « multi-céréales » du commerce.

Muesli maison

Ingrédients pour la préparation d'un pot de 800 g environ

- ++ 350 g de flocons d'avoine complets, fins
- ++ 150 g de graines de tournesol
- ++ 150 g de raisins secs ou autres fruits secs
- ++ 150 g de noisettes broyées, d'amandes effilées ou de noix concassées
- ++ 3 dl de miel liquide
- ++ 1 dl d'eau tiède

1. Mélanger dans un grand plat creux, les flocons, les graines de tournesol et les oléagineux.
2. Dissoudre le miel dans l'eau tiède.
3. Verser cette préparation sur le mélange et bien la répartir.
4. Étaler le tout sur une plaque à pâtisserie.
5. Glisser dans un four moyen (150 °C).
6. Faire cuire environ 30 minutes, en prenant soin de remuer régulièrement le mélange.

Ce dernier est prêt quand il a une belle couleur dorée.

Laisser refroidir et ajouter les raisins ou autres fruits secs.
Se conserve longtemps dans une boîte étanche. À consommer avec du lait, du fromage blanc ou du yogourt.

En début de chapitre, je faisais référence aux 80 % de notre alimentation représentés par les denrées transformées. Les suppressions que nous venons d'envisager vont faire basculer ce pourcentage en faveur des produits frais ; à elle seule cette modification représente un allégement certain des nuisances environnementales. Il est, par contre, impossible de chiffrer cette évolution, de trop nombreux paramètres entrent en ligne de compte.

Qu'importe le bilan précis, il est temps d'entrer dans le monde magique du jardin et de ses variations saisonnières.

Chapitre 3

Légumes et fruits de saison

La valse des produits frais autour du globe supprime la ronde des saisons et berne le consommateur. Retrouvons le goût des choses grâce à des recettes alignées sur le rythme des jardins et nous nous rendrons compte qu'il y a des merveilles à redécouvrir pour chaque saison.

Mise en place

L'année déroule ses jours et ses mois sans s'inquiéter du temps qu'il fait ni de la latitude de nos jardins. Les quatre saisons qui la composent se moquent éperdument du chiffre des jours. Dans la chorégraphie cosmique, le soleil et la lune ajoutent l'alternance indispensable du jour et de la nuit, du chaud et du froid tandis que l'eau du ciel vient féconder la terre.

Individus rationnels et cartésiens, nous avons besoin de repères, de chiffres et de dates. Le printemps commence officiellement le 21 mars, même si la nature nous surprend avec des tempêtes de neige au mois de mai. Qu'importent ces variations pour les citadins: tous les 1er mai nous trouverons le petit bouquet de muguet à offrir ou recevoir et les 1er novembre la gerbe de chrysanthèmes pour la tombe du pépé. Quant à l'étalage du marchand de légumes ou celui de la grande surface, ils affichent toute l'année les mêmes couleurs. C'est donc bien vrai, les jours se suivent et se ressemblent tellement qu'on n'y prend plus garde, il fait chaud ou il fait froid, c'est juste un prétexte à bavarder: « Il fait beau chez toi ? Quel temps pour les vacances ? »

Parce qu'évidemment, la pluie ou le froid, ça gâche tout !
Les fruits et légumes de nos jardins familiaux ne savent pas lire le calendrier, pas encore ! À partir de ce que nous aurons mis en place, leur production va s'adapter aux conditions climatiques et à la qualité de nos soins. Et nous, nous mangerons au fur et à mesure ce qui sera prêt. Avec des jours sans grand-chose et d'autres en croulant sous l'abondance !
Les commerçants ont beaucoup de chiffres alignés dans leurs livres de comptes qui n'ont pas d'état d'âme, le bilan comptable encore moins de fantaisie. Et pourtant, les exigences commerciales sont sans appel, il faut suivre le budget et si possible réaliser un bénéfice. Alors comment faire si le flux des marchandises n'a pas de régularité, si les prévisions sont impossibles ? C'est le cœur de la problématique des distributeurs de produits frais : comment transformer en objets quantifiables, transportables et stables des produits qui, au départ, sont justement volages ?
Nous avons déjà vu que l'offre devait susciter le désir d'achat et que le bénéfice s'améliore avec une main-d'œuvre bon marché. Il faut limiter les pertes inhérentes au transport. Et pour ce faire, augmenter la durée

de conservation de ce qui doit toujours s'appeler « produits frais ». Entrepôts et camions frigorifiques, traitements conservateurs aux rayons, bien sûr, mais cela ne suffit pas. La chimie et la génétique sont venues à la rescousse pour apporter sur le marché des fruits et des légumes de belle figure et de bonne conservation. Qu'importe si dans l'aventure de multiples variétés sont tombées en désuétude, et si le résultat final est insipide... Le consommateur va s'habituer, l'imbécile est si bien conditionné ! L'affaire est belle, circulez, « y a rien à voir » !

Eh bien, nous n'allons pas tomber dans le panneau ! Parce qu'il y a justement quelque chose à voir et à goûter de fondamentalement différent ! Nous avons rendez-vous avec Dame Nature. Pour une rencontre qui ne ressemblera pas à un tableau à double entrée, comme on en trouve à profusion sur le net ou dans les livres spécialisés, les mois en abscisse, les produits frais en ordonnée et je mange ce qui se trouve à la croisée des chemins. Vous pourrez les consulter à loisir, ils sont bourrés d'informations utiles. Moi, j'ai envie de suivre la fantaisie de la nature et de vous emmener dans une balade ludique à la découverte des merveilles du potager ou du sentier qui longe le bois. Vous êtes prêts ?

Une indication pratique
Ce chapitre va regrouper la plupart des recettes de cet ouvrage qui sauf, indications, sont prévues pour 4 personnes. Elles seront classées selon les saisons.

Encore une chose

Après tout ce que nous avons étudié, il est maintenant clair que nous sommes des locavores en devenir, du moins en théorie, ce qui signifie que nos références sont en pleine mutation et s'éloignent à toute vitesse des étalages des grandes surfaces. Nous allons découvrir une autre réalité, la face cachée de la vraie vie ! Mais il faut également faire preuve de souplesse : selon l'endroit où nous vivons, certaines denrées font partie des richesses locales – tout au moins en théorie… alors que d'autres, totalement exotiques, sont tellement entrées dans nos habitudes qu'à première vue on ne voit pas comment s'en passer. À chacun de voir à quelle hauteur il place son exigence.

Témoignage

Je dois battre ma coulpe : dans certaines recettes, je propose, par exemple, des amandes, de l'huile d'olive ou des olives, denrées qui ne sont pas produites dans la campagne vaudoise où je passe la moitié de l'année. Par contre, le Sud de la France pourrait être leur biotope naturel... et j'y suis le reste du temps !
Mais ne me faites pas dire que cette sorte de transhumance est un mode de vie à généraliser pour étendre son périmètre de consommation locavore ! Prosaïquement, il me permet de confronter deux registres complémentaires, autant pour l'inventaire des denrées locales que pour celui des circuits de distribution.

À la fin de l'exercice, chacun décidera s'il a envie d'être un locavore intégral, temporaire, sarcastique ou intellectuel. Ou encore s'il jette l'éponge et court reprendre son caddie : « L'écologie, ça commence à bien faire ! »

La valse des produits frais autour du globe supprime la ronde des saisons, remplace la diversité naturelle par des marchandises standardisées et trompe le consommateur.

La fin de l'hiver

Cette période concentre le pire et le meilleur : le pire parce qu'on ne sait plus quoi manger et le meilleur parce qu'on perçoit déjà l'amorce du printemps... Mais c'est vrai, on est peut-être lassé des plats lourds comme la choucroute bien garnie. Marre aussi des gratins de **pommes de terre**, purée et compagnie. Les **carottes** sont encore bien savoureuses, c'est vrai, tout comme le **céleri,** le **chou** ainsi que la **betterave rouge.** Les **poireaux** ont tendance à pousser tout seuls, ils restent savoureux. Il y a encore des légumes plus rustiques, comme le **topinambour**, le **panais** ou les **salsifis**, parfois oubliés, car un peu plus longs à préparer. Au rayon des fruits de proximité : essentiellement **pommes et poires.**

Un peu d'histoire

Savez-vous que le carême chrétien a été instauré dans l'Église au Ve siècle pour la période précédant Pâques, pourtant ni le Christ ni les Apôtres n'en avaient donné l'exemple. Le carême fait référence aux 40 jours de Jésus dans le désert et aurait été fixé à la fin de l'hiver pour faire durer plus longtemps les dernières provisions. En quelque sorte, une mesure économique !

Avec ou sans carême, le temps des bonnes soupes chaudes n'est pas terminé, le bortsch qui suit nous apportera une couleur chaleureuse et tonique, excellente pour nous tirer de la grisaille.

Bortsch végétarien ou avec viande

Temps de préparation : 30 minutes
Temps de cuisson : 45 minutes

++ 2-3 betteraves rouges crues
++ 2 carottes
++ 1 petit céleri
++ 1/2 chou vert
++ 3 pommes de terre
++ 1 poireau
++ 1 oignon
++ un bouquet de persil
++ 1,5 l de bouillon
++ 2 feuilles de laurier
++ 1 c.s. d'aneth séché
++ 1 yogourt nature
++ 3 c.s. de farine complète

1. Peler les légumes et les couper en petits dés.
2. Faire revenir l'oignon et le poireau avant de mettre le reste des légumes.
3. Ajouter le bouillon, le laurier.
4. Saler, poivrer.
5. Faire cuire 45 minutes environ.

Rectifier l'assaisonnement.
Mettre dans chaque assiette une cuillère à soupe de yogourt et une pincée d'aneth et verser la soupe dessus.

Dans la recette originale du Bortsch, on met de la viande : du lard et du ragoût de bœuf, ce qui nécessite une cuisson plus longue. Le yogourt est remplacé par de la crème aigre.

Je vous propose une autre recette, tirée du petit livre *Petits plats d'hiver*[34]

Salade de poireau cru, pomme et carotte

Temps de préparation : 15 minutes
Temps de cuisson: pas de cuisson

- ++ 300 g de carottes
- ++ 1 poireau moyen
- ++ 1 pomme ferme
- ++ 1-2 c.s. de graines germées
- ++ 2 c.s. de graines de tournesol passées à la poêle

sauce à salade :

- ++ vinaigre de pommes, moutarde,
- ++ huile de colza
- ++ un peu de thym, levure maltée, sel et poivre

1. Peler et râper les carottes.
2. Laver et émincer finement le poireau.
3. Couper la pomme en lamelles, sans lui enlever la peau.
4. Préparer la vinaigrette, la verser sur la préparation.
5. Laisser reposer 15 minutes avant de servir.
6. Garnir de graines germées et graines de tournesol grillées.

Bien remuer avant de servir.

Encore une recette ? Oui, un bon dessert nourrissant.

Charlotte aux pommes

Temps de préparation : 30 minutes
Temps de cuisson : 20 minutes

++ 4 grosses pommes
++ 150 ml d'eau
++ 80 g de sucre en poudre
++ 100 g de beurre
++ 200 g de confiture d'abricot
++ 8 tranches de pain brioché ou de pain grillé

1. Peler et émincer les pommes. Les cuire dans l'eau et le sucre jusqu'à réduction du liquide de moitié.
2. Chauffer la confiture.
3. Faire fondre le beurre l'étaler sur les tranches de pain brioché.
4. Chemiser un moule à tourte avec la moitié des tranches de brioche ou de pain grillé.
5. Garnir la charlotte en alternant les couches de pommes et de confiture.
6. Recouvrir avec le solde des tranches de brioche.
7. Mettre au four à 180 °C durant 20 minutes.

Servir froid.

À la fin de l'hiver, il nous reste les légumes racines : carottes, céleris, betteraves rouges, panais, topinambours, salsifis. Mais aussi pommes de terre, poireaux, oignons, tous les choux, endives éventuellement.

Pour les fruits : pommes, poires… et c'est tout !

Les prémices du printemps

La **doucette**, **mâche** ou **rampon**, sera la première salade authentique, avec des feuilles vertes pleines de chlorophylle, cette délicieuse plante qui émerge gentiment de terre dès le mois de mars, plus vite si placée sous serre, même non chauffée. Elle s'associe bien avec **l'endive** et annonce irrésistiblement les beaux jours. Mais l'endive, est-elle compatible avec nos critères ?

Un peu d'histoire

La genèse de ce que les Belges appellent « chicon » est originale. Elle remonte au XIXe siècle et c'est effectivement un Belge qui a découvert, par hasard, que des racines de chicorée entreposées dans l'obscurité d'une cave allaient développer des feuilles blanches, tendres et comestibles. De la cave familiale à la production actuelle il y a eu, on l'imagine, de nombreuses améliorations. Aujourd'hui, on produit des endives de manière industrielle, dans des bacs de culture hors-sol et des entrepôts dont la température est réglée (alternance de chaud et de froid) pour que les endives arrivent à maturité en 21 jours. Le Nord de la France à lui seul produit les 80 % des endives du marché français. Est-ce encore un légume de proximité ? Il existe, certes, des productions bio et artisanales, y en a-t-il dans votre région ? À vous de vous renseigner.

Ce qu'il y a de meilleur à la fin de l'hiver, c'est l'éveil de la nature et l'éclosion des premières plantes sauvages comestibles qui vont enrichir nos menus de nutriments précieux. Connaissez-vous « l'ail des ours » et son parfum subtil, plus fin que celui de son grand frère l'ail commun ? Il est parmi les premières plantes comestibles à montrer son bout de nez au bord des chemins, près des sous-bois. On utilise les jeunes feuilles pour confectionner le fameux pesto.

Pesto à l'ail des ours

- ++ 1 bouquet d'ail des ours
- ++ 1 poignée d'amandes ou des noisettes
- ++ 4-5 c.s. d'huile d'olive

1. Dans un mixer, réunir les feuilles d'ail des ours, les amandes ou les noisettes et l'huile.
2. Mixer longuement, ajouter un peu de sel et conserver le tout au frais dans un petit bocal hermétique.

C'est une sauce exquise pour assaisonner un bon plat de spaghettis !

Le petit plus

On peut enrichir cette soupe de base d'un ou deux légumes râpés, carottes, panais, ou de poireaux émincés. On les ajoute avant les feuilles d'orties, ils sont un peu plus longs à s'attendrir.

Nous allons profiter de cette sortie champêtre pour récolter une autre plante qui nous donnera une bonne soupe. Vous l'avez deviné, il s'agit des **orties**, encore toutes jeunes et fragiles et que nous allons cueillir délicatement, avec des gants. Et sitôt rentrés à la maison, nous préparerons cette soupe en un tournemain.

Soupe aux orties

Temps de préparation : 10 minutes
Temps de cuisson : 15 minutes

- ++ 2 c.s d'huile
- ++ 4 c.s de farine bise ou complète
- ++ 1,5 l de bouillon
- ++ 1 dl de crème
- ++ 2 grosses poignées de jeunes feuilles d'orties fraîches
- ++ herbes aromatiques
- ++ sel, poivre

1. Effeuiller les orties fraîchement cueillies.
2. Les hacher finement et réserver.
3. Faire un roux avec l'huile et la farine.
4. Laisser refroidir avant d'ajouter le bouillon, rectifier le sel, poivrer.
5. Amener à ébullition.
6. Ajouter les orties hachées et les herbes aromatiques (ciboulette, origan par exemple).

7. Laisser cuire encore une dizaine de minutes et ajouter la crème avant de servir.

Contrairement à ce qu'on craint, la soupe aux orties ne pique pas du tout, mais il est important de hacher très finement les feuilles !

En retournant au jardin, ou au marché, on verra d'autres légumes à feuilles, les **épinards** par exemple qui, crus, sont si croquants ! Mais aussi, les jolis **radis** qui profitent si bien des premiers rayons de soleil.

Salade printanière

Temps de préparation : 30 minutes
Temps de cuisson : 15 minutes

- ++ 2 poignées de jeunes feuilles d'épinards
- ++ 300 g de doucette ou mâche
- ++ 250 g de champignons de Paris crus
- ++ 1 betterave rouge crue râpée en fines lamelles
- ++ quelques radis
- ++ 2 filets de poulet
- ++ une petite poignée de graines de courges grillées
- ++ 1 c.s. de vinaigre balsamique
- ++ 1 c.c. de sucre
- ++ 1 c.s. de vinaigre de pommes
- ++ 3 c.s. d'huile de tournesol
- ++ persil, ciboulette
- ++ sel

1. Découper les filets de poulet en fines lamelles et les faire macérer 10 minutes dans une marinade préparée avec le vinaigre balsamique et le sucre.
2. Les passer à la poêle 5-7 minutes de chaque côté.
3. Laver les épinards et la doucette.
4. Nettoyer les champignons et les couper en lamelles.
5. Dans un grand plat, placer la verdure,les champignons, les radis et la betterave.
6. Déposer tout autour le poulet.
7. Parsemer de persil, ciboulette et graines de courges grillées.

8. Arroser de vinaigrette faite avec le vinaigre de pommes, l'huile et le sel.

Servir avec des croûtons de pains frottés d'ail.

À mesure que les jours grandissent et que l'ambiance se réchauffe, d'autres légumes vont apparaître sur le marché, les **bettes** par exemple dont on peut manger soit les côtes, soit le tout.

Simultanément avec les légumes à feuilles, **l'asperge** entre dans sa période comestible. Barbara Kingsolver, dans son livre *Un jardin dans les Appalaches*[4], fait une description pittoresque de ce curieux légume : l'asperge hésite 3 ans avant de donner des turions comestibles et il faut ménager les premières années pour prolonger la longévité de son pied qui restera productif durant 15 ans. Certains préfèrent les blanches, en France par exemple, ou les vertes comme aux USA. La seule différence entre elles, c'est l'influence de la lumière qui verdit les pointes. C'est un légume très riche en vitamines et principes actifs apparentés aux hormones végétales.

Le petit plus

Contrairement à d'autres espèces, le champignon de Paris se cultive facilement, traditionnellement sur du fumier de cheval, dans une obscurité fraîche et humide. On trouve dans les jardineries ou par correspondance, des boîtes de culture à peine plus grandes qu'un carton à chaussures et qui permettent une production continue durant une dizaine de semaines. Amusant ! Ce champignon pousse bien sûr en pleine nature, dans les champs (Agaric champêtre), il faut alors éviter les endroits traités chimiquement, ou dans les bois (Agaric sylvestre).

Pizza aux asperges, petits pois, oignons nouveaux et carottes

Temps de préparation pour la pâte : 20 min
La laisser reposer 2 h au minimum à température ambiante
Préparation de la pizza : 30 min
Temps de cuisson : 10 min + 30 min

Pour la garniture

++ 1 botte d'asperges blanches ou vertes (500 g)
++ 300 g de petits pois frais ou congelés
++ 4 oignons nouveaux
++ 4 belles carottes
++ 2 fromages de chèvre
++ thym, poivre

Pour la pâte à pizza pour une plaque de 30 cm de diamètre :

++ 1/2 bol d'eau tiède complété de
++ 2 c.s. de lait
++ 1 c.c. de levain lyophilisé
++ 1/2 c.c. de sel
++ environ 1 bol de farine
++ 1 c. à s. d'huile

Préparation de la pâte :

1. Dans un plat creux, délayer le levain et le sel dans l'eau tiède mélangée au lait.
2. Ajouter l'huile et la farine – éventuellement compléter cette dernière pour obtenir une pâte facile à pétrir.
3. Laisser reposer dans un endroit tempéré, 2 heures au minimum.

Garniture :

1. Écosser les petits pois s'ils sont frais, sinon les faire dégeler.
2. Peler les asperges et ne garder que la partie tendre.
3. Peler les carottes et les couper en fines rondelles.
4. Faire cuire tous les légumes ensemble 10 minutes à la vapeur douce, ils doivent rester croquants.
5. Étaler la pâte délicatement pour lui per mettre de lever encore.
6. La recouvrir des légumes cuits.
7. Découper les 2 tommes de chèvres et les répartir sur la surface.
8. Saler, poivrer, parfumer avec du thym et un filet d'huile.
9. Passer à four chaud 25-30 minutes.

Peu de temps après la saison des asperges, nous faisons une escapade du côté des fruits pour saluer le premier de l'année, la **fraise** – je parle des vraies fraises, pas celles qui auraient été produites à coup de pétrole et d'engrais chimiques dans les serres espagnoles pour arriver insipides, juste après Noël dans les grandes surfaces. Les meilleures fraises sont incontestablement celles qui viennent du maraîcher voisin, encore chaudes de soleil et si parfumées, malheureusement assez rares. Vous connaissez certainement le clafoutis aux cerises, voici sa version aux fraises, une façon de relever un peu le goût de ces fraises qui ne viendraient pas directement du jardin, mais d'une exploitation voisine semi-industrielle…

Clafoutis aux fraises

Temps de préparation : 10 minutes
Temps de cuisson : 30 minutes

- ++ 500 g de fraises
- ++ 4 œufs
- ++ 3 dl de crème entière ou allégée
- ++ 1 c.c. de poudre à lever (sans phosphate si possible)
- ++ 4 c.s. de farine
- ++ 100 g de sucre
- ++ quelques grains de cardamome décortiqués ou moulus

1. Laver les fraises et les partager en 2 ou 4 selon leur taille.
2. Dans un plat, bien mélanger les œufs, le sucre, la crème, la farine et la poudre à lever.
3. Ajouter la cardamome et la pincée de sel.
4. Plonger les fraises dans la préparation.
5. Verser le tout dans un plat à gratin bien beurré.
6. Faire cuire environ 30 minutes à four moyen préalablement chauffé.
7. Saupoudrer de sucre glace avant de servir.

Si on apprécie la vanille, on peut ajouter un sachet de sucre vanillé dans la préparation avant la cuisson.

3

Les fraises sont contemporaines de la **rhubarbe**, une plante aux feuilles toxiques dont on mange les tiges acides. Certains se souviennent peut-être de la fameuse confiture fraises-rhubarbes qui faisait obligatoirement partie des petits-déjeuners de colonie de vacances...C'est vrai que ces deux fruits s'associent fort bien. Mais la rhubarbe s'accommode aussi de sel. La preuve, cette recette qui, paraît-il, vient de Perse

Ragoût à la rhubarbe

Temps de préparation : 15 minutes
Temps de cuisson : 45 minutes

++ 500 g de ragoût de bœuf ou d'agneau en morceaux
++ 2 oignons
++ 3 carottes
++ 3 pommes de terre
++ 2 navets
++ 3 tiges de rhubarbe
++ safran, curcuma, sel et poivre
++ 2 c.s. d'huile

1. Faire revenir la viande dans un peu d'huile.
2. Ajouter les oignons émincés. Puis les autres légumes coupés en morceaux.
3. Épicer et faire cuire à feu vif un instant.
4. Ajouter un petit verre d'eau.
5. Cuire à l'étouffée 30 minutes.

6. Préparer la rhubarbe, la couper en morceaux.
7. L'ajouter au ragoût.
8. Faire cuire encore 15 minutes.

Dernier légume à feuilles avant les chaleurs estivales, **l'artichaut** cette plante archaïque et vivace qui peut se transformer en une superbe fleur violette.

Quelques propos « santé »

Nous avons évoqué le carême qui aurait permis d'économiser les dernières réserves de l'hiver. Il y a certainement du vrai dans cette interprétation. Mais on peut aussi voir dans cette coutume un lien avec la santé. Traditionnellement, l'hiver était un passage difficile, il fallait faire face à des réserves alimentaires pauvres en produits frais, donc en vitamines, et aussi se défendre du froid, les portions alimentaires comprenaient alors une part plus importante de produits gras – le cochon tué en décembre amenait un bon stock de viande grasse. Tant et si bien qu'à la sortie de l'hiver, les organismes pouvaient être à la fois affaiblis et engorgés. Une période de diète est alors particulièrement bienvenue comme cure dépurative. Dame Nature va y ajouter son grain de sel sous forme de végétaux spécialement efficaces pour cette sorte de nettoyage de printemps – c'est aussi le moment de faire reluire la maison !

Un peu d'histoire

L'artichaut semble tirer l'origine de son nom d'un mot arabe qui signifie « l'épine de la terre », ce qui convient bien à cette plante de la famille des chardons. Il en existe diverses variétés qui poussent dans les climats tempérés. Dans une cuisine élaborée, on préfère lui extirper le cœur sans garder les feuilles, pourtant la plante tout entière contient des principes actifs qui lui confèrent des vertus médicinales bénéfiques surtout pour le foie.

Nous avons parlé de :

➔ l'ail des ours, reconnu pour son efficacité dans l'athérosclérose et l'hypertension ;

➔ l'ortie, diurétique et dont les vertus curatives sont décrites depuis l'Antiquité pour soulager des douleurs rhumatismales, et qui devient Urtica urens en homéopathie. Elle est également utilisée sous forme de purin pour fertiliser le jardin ;

➔ des asperges qui ont un pouvoir antioxydant élevé ;

➔ l'artichaut, comme mentionné ci-dessus, a sa place dans une démarche dépurative ;

➔ la fraise n'est pas de reste, car des études récentes l'ont placée en bonne place dans la liste des antioxydants, elle contient aussi de la vitamine C ;

➔ la rhubarbe apporte sa contribution sous forme de vitamine C (malheureusement altérée par la cuisson) et de propriétés laxatives ;

→ le pissenlit, et sa fameuse salade de dents-de-lion, a des vertus dépuratives et devient Taraxacum en phytothérapie.

Il y a certainement d'autres liens à relever, mais à ce stade on peut tout de même remarquer que la consommation de fruits et légumes de saison correspond aux besoins de notre organisme. Même si, bien sûr, nos conditions de vie ont passablement changé depuis la nuit des temps. Et nous n'allons pas nous mettre artificiellement en situation de carence pour jouer parfaitement notre rôle de locavore. On est bien d'accord !

L'arrivée du printemps nous apporte des légumes à feuilles : plantes sauvages, doucette, épinard, côtes de bettes, mais aussi le radis et l'oignon nouveau.

Sans oublier l'asperge et la fraise.

L'explosion de l'été

Si parmi les fruits, la fraise a la primeur, d'autres vont rapidement suivre son exemple : tous ceux qui ont des noyaux et dont la maturité va s'échelonner des mois de mai à juin avec les premières **cerises** jusqu'à fin septembre avec les diverses **prunes**, et, entre les deux, les **abricots, pêches blanches** puis **jaunes, nectarines.** Simultanément, arrivent ce qu'on appelle les « petits fruits » : **framboises, cassis, groseilles vertes et rouges, mûres,** une explosion de couleurs vives.

L'utilisation de la verrine est idéale pour mettre en valeur ces petits fruits sur votre table. Les recettes abondent dans les magazines spécialisés avec de magnifiques photos qui nous mettent l'eau à la bouche, je ne résiste pas à vous en proposer une.

Tiramisu aux fruits rouges

Temps de préparation : 30 minutes
Temps de cuisson : pas de cuisson, mais 2 h au frais

- ++ 100 g de cassis
- ++ 100 g de framboises
- ++ 100 g de groseilles rouges
- ++ 100 g de mascarpone
- ++ 120 g de sucre
- ++ 2 blancs d'œufs
- ++ 1 c.s. de liqueur de framboise ou autre liqueur
- ++ 1 douzaine de biscuits à la cuillère ou biscuits maison
- ++ quelques feuilles de menthe fraîche finement ciselée

1. Préparer les petits fruits et les faire macérer dans la moitié du sucre.
2. Recouvrir le fond des verrines de débris de biscuits.
3. Répartir le mélange de fruits et leur jus dans les verrines.

4. Monter les blancs en neige avec une pincée de sel.
5. Mélanger le mascarpone avec le reste de sucre et la liqueur.
6. Y incorporer délicatement les blancs en neige.
7. Répartir cette préparation sur les fruits.
8. Décorer avec la menthe ciselée.
9. Placer les coupes 2 heures au frais.

Une dernière famille de fruits, très estivale, est celle des **melons** qui mûrissent de juillet à septembre dans des endroits chauds et protégés. La pastèque a besoin d'une chaleur supérieure à celle de nos régions, elle sort de notre panier de locavore.

Voici une recette qui sent bon les vacances et qui nous rappelle que melon et concombres sont de la même famille.

Salade melon et mozzarella

Temps de préparation : 10 minutes
Temps de cuisson : pas de cuisson

- ++ 2 melons roses
- ++ 1 concombre
- ++ 250 g de billes de mozzarella
- ++ quelques gouttes d'essence de citron vert
- ++ un bouquet de menthe fraîche
- ++ 3 c.s. d'huile
- ++ une giclée de vinaigre balsamique
- ++ sel, poivre

Le petit plus

La mozzarella originaire d'Italie, se fait traditionnellement avec du lait de bufflesse. Il s'en fabrique aussi en Suisse, principalement avec du lait de vache. Fort apprécié, ce fromage détrône gruyère et emmental, car il vient en tête dans les statistiques de consommation helvétique.

1. Partager les melons, en extraire des boulettes à l'aide d'une cuillère parisienne.
2. Peler le concombre, le couper en quatre dans le sens de la longueur.
3. Dégager des lamelles longitudinales fines, les faire dégorger dans un peu de sel.
4. Ciseler la menthe.
5. Réunir tous les ingrédients dans un saladier.
6. Ajouter l'huile, le vinaigre et quelques gouttes d'essence de citron vert.
7. Saler, poivrer et mettre au frais avant de servir.

À la suite de notre asperge printanière, on assiste à une explosion variée chez les légumes. Je vous donne leur calendrier selon le rythme de Dame Nature, mais les maraîchers les plus astucieux auront certainement recouru à des astuces, type serre non chauffée, pour vous proposer cet assortiment de manière plus précoce. Nous aurons tout d'abord des **petits pois,** des **pois mange-tout (pois gourmands), des salades** à profusion.

Le **chou-fleur,** le **brocoli** peuvent apparaître en début de saison et rester en notre compagnie jusqu'à l'automne. Et les **concombres**? Tiens, au fait, pourquoi trouve-t-on des concombres tout au long de l'année, bizarre?

Les Espagnols utilisent le concombre pour leur célèbre « gaspacho ».

Un peu d'histoire

Le concombre appartient aux traditions culinaires grecques, turques et orientales. La Tunisie en est l'un des plus grands producteurs. Sous serre, la croissance du concombre est très rapide et la variété actuellement cultivée résulte d'un croisement qui donne un légume sans amertume et sans graines (qualité que l'on désigne du nom savant de « parthénocarpie » ce qui veut dire reproduction par clonage) très différent de celui des petits maraîchers.

Je vous propose une autre soupe froide et qui fera merveille un soir d'été

Crème de carottes crues

Temps de préparation : 30 minutes
Temps de cuisson : sans cuisson, mais 30 minutes au frais avant de servir

++ 1 kg de carottes ou 1 l de jus de carotte
++ 150 g d'oléagineux : noix, noisettes
++ 1 yaourt de chèvre
++ 2 jaunes d'œufs
++ 1 c.s. d'huile
++ 1 oignon frais
++ un bouquet de persil
++ 250 ml de jus de pomme ou de cidre fermenté
++ sel et poivre

1. Si on dispose d'un appareil, peler les carottes et les centrifuger, sinon utiliser le jus tout prêt.
2. Moudre finement les noix ou les noisettes.

3. Dans un grand récipient, mixer les oléagineux, les jaunes d'œufs, l'huile, le cidre ou le jus de pommes, le sel et le poivre.
4. Mélanger le tout avec le jus de carottes et mettre au frais avant de servir.

Décorer de quelques brins de persil.

L'été, c'est la saison de la ratatouille, les **courgettes** encore jeunettes sont là, pleines de promesses. Sans abri de plastic, les **tomates** locales se font attendre parfois jusqu'à fin juillet, les **aubergines** sont moins timides et arrivent à maturité déjà en juin. Les **poivrons** changent de couleur au cours de l'été. Sur un autre registre, le **fenouil** cherche aussi à se faire apprécier.

La ratatouille est un plat très connu avec de nombreuses variantes. Quant à elle, ma grand-mère avignonnaise préférait la recette suivante, je dois reconnaître qu'elle est très savoureuse.

La bohémienne

Temps de préparation : 10 minutes
Temps de cuisson : 40 minutes

- ++ 500 g de tomates
- ++ 500 g d'aubergines
- ++ 2 gousses d'ail
- ++ 3 c.s. d'huile d'olive
- ++ sel, poivre

1. Peler et couper les légumes en petits dés.
2. Les faire revenir dans l'huile chaude.
3. Ajouter sel, poivre.
4. Faire cuire à feu doux sans oublier de remuer jusqu'à ce que les légumes soient bien fondants.
5. Mettre l'ail écrasé juste avant de servir.

Cette recette m'en suggère une autre du répertoire familial :

La brouillade de tomates

Temps de préparation : 15 minutes
Temps de cuisson : 20 minutes

++ 8 œufs ++ 1 kg de tomates bien mûres	++ 2 gousses d'ail ++ 2 c.s. d'huile d'olive ++ thym, sel, poivre

1. Battre les œufs, ajouter sel et poivre.
2. Ébouillanter les tomates pour les peler.
3. Les découper en petits dés.
4. Les faire revenir à la poêle jusqu'à disparition de tout liquide.
5. Ajouter l'ail écrasé et le thym.
6. Verser les œufs.
7. Faire cuire à petit feu en remuant constamment à l'aide d'une spatule en bois.

La brouillade est prête quand la masse est tout à fait homogène

3

Le petit plus

Certains légumes suscitent, chez les cultivateurs, un engouement proche de la passion ! C'est le cas pour la tomate et ses multiples variétés ; ce légume est, en réalité, à classer parmi les fruits. Ainsi, le potager-conservatoire du château de la Bourdaisière en Touraine réunit 650 variétés de tomates. Il est ouvert au public du 1er avril au 30 octobre. Au registre des recettes de cuisine, signalons l'excellent petit livre de Linda Louis consacré aux tomates anciennes et gourmandes.

Actuellement, la tomate se trouve sur toutes les tables et elle occupe le tiers des surfaces maraîchères mondiales. Elle donne naissance à une importante industrie alimentaire de transformation : concentré, sauce – dont l'incontournable Ketchup® – jus et conserves de tous genres. On dit que sans elle, la cuisine italienne, et ses innombrables plats de pâtes, serait inexistante ! N'oublions pas que pour les Italiens nous avons affaire à la « pomme d'amour » !

La garantie italienne est aussi utilisée à des fins commerciales, des régions entières de Chine sont maintenant « converties » à la culture de la tomate – au détriment des cultures locales – et expédient en Italie les boîtes de conserves qu'il suffit d'estampiller Made in Italy pour faire croire qu'il s'agit bien d'un produit italien.

Les impératifs de la commercialisation ont fait perdre ses qualités gustatives à la tomate ordinaire fraîche. Heureusement, des jardiniers se passionnent pour la conservation des espèces anciennes et bichonnent les semences de leurs collections, qu'ils échangent parfois sous le manteau ! À l'autre extrême, les généticiens parlent de plante modèle qu'ils ont bien évidemment transformée. Apparues sur le marché des USA dans les années quatre-vingt-dix, il semble que les variétés OGM sont actuellement retirées du commerce. Jusqu'à quand ?

Les **haricots** sont lents à pousser, mais, dès le mois de juillet, c'est l'abondance assurée. Les premières **pommes de terre** sont en vente dès le mois de mai, elles seront plus savoureuses avec quelques semaines de plus. Si les **oignons** sont prêts, ils se conservent aussi tout l'hiver, le **poireau** quant à lui ne craint pas le froid.

Je vous offre une petite escale « plante sauvage » avec la **consoude***.

Le beignet de consoude

Inspiré d'une recette de François Couplan[38].
Temps de préparation : 20 minutes
Temps de cuisson : 10 minutes
ou plus selon le nombre de beignets

- ++ un nombre pair de feuilles de consoude, assorties par 2
- ++ 250 g de fromage blanc
- ++ un bouquet de petites herbes telles que persil, ciboulette ou coriandre

Pâte à crêpes :
- ++ 1/4 l de lait
- ++ 2 œufs
- ++ 4 c.s. de farine
- ++ sel, poivre
- ++ huile pour la friture

1. Laver les feuilles et les sécher sur du papier absorbant.
2. Hacher les fines herbes.
3. Préparer une farce avec le fromage blanc, les fines herbes, le sel.
4. Préparer la pâte à crêpe en mélangeant les œufs et le lait.
5. Ajouter la farine pour obtenir une consistance crémeuse.
6. Saler, poivrer.
7. Assembler les feuilles de consoude en sandwich en mettant une cuillère de farce entre les deux feuilles.
8. Plonger le duo dans la pâte à crêpe.

9. Faire frire dans l'huile chaude un côté après l'autre.
10. Égoutter sur du papier absorbant avant de servir.

* La consoude pousse naturellement le long des chemins, son nom est en relation avec ses vertus cicatrisantes, pour les fractures en particulier. On peut la cultiver dans son jardin, utilisée en purin elle a des qualités fertilisantes.

Nous n'allons pas quitter le plein été sans mentionner encore deux recettes, tout d'abord une variante du taboulé libanais.

Taboulé de blé germé

Temps de préparation : 20 minutes
Temps de cuisson : recette crue

++ 2 tasses de blé germé	++ un bouquet de persil
++ 1 poivron rouge,	++ 3 c.s. de vinaigre de pommes
++ 1 poivron jaune	++ 3 c.s. d'huile d'olive
++ 2 tomates bien mûres	++ quelques olives noires
++ 1/2 concombre	++ sel
++ 1 oignon nouveau	++ éventuellement sauce pimentée type harissa
++ quelques feuilles de menthe fraîche	

1. Couper tous les légumes en petits dés.
2. Dans un plat, réunir le blé germé, les légumes coupés le vinaigre et l'huile.
3. Ajouter les feuilles de menthe et le persil finement ciselé.
4. Ajouter le sel, l'harissa et quelques olives pour décorer le plat.
5. Bien remuer et mettre un moment au frais avant de servir.

Remarque

Cette recette est une copie conforme de celle du taboulé classique. On peut très bien remplacer le blé germé par du couscous. À ce moment-là, on humidifie le couscous avec l'eau salée et vinaigrée. Vous remarquerez que j'ai remplacé le jus de citron par du vinaigre de pommes, mais si vous préférez le citron, promis, je ferme les yeux... On laisse gonfler le couscous avant d'ajouter les autres ingrédients (pour une tasse de couscous, 1/2 tasse de liquide).

Et pour une soirée estivale un peu fraîche, voici la fameuse soupe au pistou, telle qu'elle figure dans le livre hérité de ma grand-mère, *La cuisine provençale*[39], en hommage à cet ouvrage qui affiche une volonté délibérée de proposer des recettes locales ; il a paru la première fois en 1897 et n'a pas cessé d'être réédité depuis !

Dans le **Protocole d'origine** qui va suivre il est écrit : « Cette soupe d'origine génoise, n'est guère en faveur qu'en Provence ; l'usage en est même très restreint ». – *Nous sommes en 1907 !*

Soupe au pistou

Temps de préparation : 10 minutes
Temps de cuisson : 30-40 minutes

- ++ 2 l d'eau
- ++ 500 g de haricots verts
- ++ 3-4 pommes de terre
- ++ 3 tomates
- ++ une poignée de vermicelles
- ++ un bouquet de basilic
- ++ 2-3 gousses d'ail
- ++ 3-4 c.s. d'huile d'olive
- ++ 100 g de fromage râpé

1. Mettez dans une marmite 2 litres d'eau avec un demi-kilo de haricots verts bien grainés et coupés en petits dés, 3 ou 4 pommes de terre émincées, 2 tomates épluchées et hachées.
2. Assaisonnez et laissez cuire.
3. Aux trois quarts de la cuisson, ajoutez environ un demi-litre de gros vermicelles et laissez finir de cuire, mais doucement afin qu'elle n'attache pas au fond, car la soupe doit être assez épaisse.
4. Au moment de servir pilez 2-3 gousses d'ail avec une branche de basilic, arrosez de 3-4 cuillères à bouche d'huile, en tournant comme pour former un aïoli clair. Délayez cette composition avec 2 cuillères à pot de la soupe préparée,

mettez-la ensuite dans la soupière avec une poignée de fromage râpé et versez le restant de la soupe en bien remuant avec la cuiller.

Variante
On peut très bien ajouter d'autres légumes coupés en petits dés, carottes, fenouil, céleri, etc. Éventuellement, on peut aussi supprimer soit les pommes de terre soit les vermicelles pour ceux qui voudraient diminuer les farineux.
Cette recette s'apparente à celle du minestrone qui, dans sa forme la plus élaborée, constitue un plat complet

Avant de conclure ce petit chapitre, interrogeons-nous sur les caractéristiques communes de ces produits estivaux : la première constatation serait que la grande majorité d'entre eux contient beaucoup d'eau, que ce soit la tomate, les courgettes, le concombre, le melon ou tous les fruits à noyaux. De là à faire le parallèle avec la grande soif de l'été ? Cette eau est intéressante par toutes les vitamines, oligoéléments et sucres rapides qu'elle véhicule et qui contribuent à nous donner... la pêche !

En été, pratiquement tous les fruits et légumes sont à disposition !

Le début de l'automne et l'entrée dans l'hiver

Après cette profusion, du côté des fruits autant que des légumes, la nature a encore beaucoup à donner. La famille des **choux** se manifeste normalement en automne, mais il existe des variétés plus précoces : nous avons déjà rencontré le **chou-fleur** et son cousin le **brocoli** qui mûrissent dès le mois de juin.
C'est également le temps du festival des **courges, potirons, citrouilles** et de leurs multiples variantes, revalorisées depuis quelques décennies. Ce retour de flamme nous vaut une multiplication des offres, une redécouverte de variétés oubliées et des étalages colorés pleins de fantaisie. Une sorte de « courgemania » assez folklorique !
Avec nettement moins de fanfare, c'est l'arrivée des légumes qui sortent de terre et passeront l'hiver avec nous : **carottes, panais, salsifis, betteraves rouges, navets, céleris, topinambours** et les dernières **pommes de terre**.

Les fruits d'automne ont des pépins, **pommes, poires, raisins, coings** et **kiwis** sous nos climats, tandis que les **oranges** et **citrons** peuvent mûrir en Provence, ceux du commerce ainsi que les pamplemousses sortent généralement de notre cercle (Italie, Espagne, Afrique du Nord ou Israël).

Le petit plus

Nous avons cité le kiwi parmi les fruits d'automne alors que nous pouvons le trouver tout au long de l'année sur n'importe quel étalage. Qu'en est-il exactement ? C'est un fruit très récent sur nos tables, on le connaissait dès le XIXe siècle sous le nom de « groseille de Chine » selon son pays d'origine. Sa culture s'est ensuite développée en Nouvelle-Zélande, où sa ressemblance avec l'oiseau kiwi l'a fait changer de nom. Importé en Europe vers 1960, ce n'est qu'en 1974 que ce fruit a été reconnu comme tel et, dès lors, sa culture s'est fort bien acclimatée dans nos pays. Le fruit arrive à maturité à la fin de l'automne, il peut supporter les premières gelées. Cueilli encore ferme, il se conserve très bien au frais et peut donc être mangé tout l'hiver. Si on en trouve actuellement toute l'année, c'est que les kiwis proviennent alternativement des deux hémisphères. Nous allons, de notre côté, nous contenter de manger en hiver ceux qui poussent chez nous. Riche en fibres, en vitamines C et K, ce fruit présente des vertus antioxydantes certaines.

3

À signaler un fruit régional, la **châtaigne**, douce et sucrée qui se mange au dessert ou en confiture; elle entre également dans la composition de plats salés comme la chasse, par exemple. Ou historiquement farine de l'alimentation de base dans les vallées retranchées des Cévennes ou du Piémont. Les marrons chauds deviennent gastronomiques lorsqu'ils sont servis dans la « brisolée », mets campagnard du Valais qui les accompagne d'un plat de fromages variés, de viande séchée et de **raisin**.

Si nous profitions des derniers **céleris en branche** pour confectionner cette salade créée dans un hôtel américain en 1893 et dont elle a gardé le nom ?

Salade Waldorf

Temps de préparation : 30 minutes
Temps de cuisson : recette crue

- ++ 4 pommes acidulées rouges ou vertes
- ++ 4 branches de céleri
- ++ noix, noisettes
- ++ raisins secs
- ++ mayonnaise allégée
- ++ sel, paprika, noix de muscade

Pour la mayonnaise :
- ++ 1 jaune d'œuf
- ++ 1 c.c. de moutarde
- ++ 200 g de fromage blanc maigre
- ++ 4 c.s. d'huile (tournesol, carthame ou pépin de raisin)
- ++ sel
- ++ 1 c.s. de vinaigre de pommes

Mayonnaise allégée :
1. Dans un bol, mettre le jaune d'œuf, la moutarde, le sel et le fromage blanc.
2. Battre en crème et rajouter l'huile petit à petit.
3. Terminer avec le vinaigre.

Pour cette recette : épicer avec noix de muscade, paprika et cannelle.

4. Faire tremper les raisins secs dans un bol d'eau.
5. Laver les pommes, ne pas les peler et les découper en petits dés.
6. Couper le céleri en branche en petits morceaux.
7. Réunir dans un plat les pommes, le céleri, les raisins secs (égouttés) les noix ou noisettes grossièrement hachées.
8. Ajouter la mayonnaise épicée.

Variante

Cette recette peut se conjuguer avec différents fruits : poires, raisins frais et/ou légumes, comme le fenouil par exemple.

On peut aussi utiliser de la mayonnaise classique. L'important est de bien épicer pour éviter une saveur trop douceâtre.

Voici une recette qui va nous servir de transition entre l'automne et l'hiver.

Velouté de courge et marrons[40]

Temps de préparation : 15 minutes si les marrons sont déjà cuits, 30 minutes s'il faut faire cuire les marrons
Temps de cuisson : 20 minutes

++ 1,5 kg de courge – potimarron ou butter nut (sorte de courge)
++ 2 gros oignons
++ 2 gousses d'ail
++ 1 petit verre de vin blanc doux, type xérès
++ 1 l de bouillon
++ 400 g de marrons cuits ou 600 g de marrons crus
++ feuilles de sauge
++ huile
++ sel, poivre

1. Fendre les marrons sur tout le pourtour et les faire cuire à l'eau bouillante pen dant 20 minutes. Les égoutter et les peler.
2. Couper la courge en grosses tranches, les peler et les recouper en petits morceaux.
3. Émincer les oignons et les faire revenir dans un peu d'huile.
4. Ajouter le vin, puis les morceaux de courge et les trois quarts des marrons cuits.
   Compléter avec le bouillon.

5. Laisser cuire à petit feu durant 20 minutes pour que les morceaux de courge soient bien tendres.
6. Passer au mixer. Rectifier le sel, poivrer.

Avant de servir :
faire revenir à la poêle le solde des marrons émiettés et les feuilles de sauge finement émincées. Répartir cette préparation sur les assiettes servies.

En hiver, les soupes vont remplacer les salades. Nombreuses et variées, souvent faciles à préparer, elles peuvent aussi faire office de plat unique, éventuellement accompagnées de pain et de fromage. C'est un mets d'origine populaire qui revient à la mode, il existe des bars à soupes qui n'ont que cet article sur leur carte, conjugué

de multiples façons. Il répond peut-être à notre recherche de racines, de traditions et caractérise bien le repli de l'hiver dans la chaleur de la cuisine ou du feu de cheminée.
Pour les locavores que nous sommes, c'est notre moment de gloire, car c'est l'occasion de développer au maximum notre créativité. Pas question de répéter les plats estivaux qui ont fait le succès de l'été, mais qui ne sont, justement, plus de saison. Nous n'allons pas non plus pleurer devant l'éventuelle monotonie d'une sempiternelle soupe aux légumes... Alors à vos marmites !

Histoire de rire un bon coup, je vous fais la surprise de la...

Soupe aux choux, version intégrale !

Temps de préparation : 15 minutes
Temps de cuisson : 60 minutes

- ++ 500 g de lard ou de jambon fumé
- ++ 300 g de carottes
- ++ 300 g de pommes de terre
- ++ 1 chou vert frisé d'environ 500 g
- ++ 2 poireaux
- ++ 1,5 l de bouillon
- ++ un bouquet garni
- ++ 2 clous de girofle
- ++ sel, poivre
- ++ 2 c.s. d'huile

1. Préparer les légumes et les couper en morceaux.
2. Les faire revenir dans un peu d'huile.
3. Ajouter le lard ou le jambon, les clous de girofle, le poivre.
4. Recouvrir de bouillon et faire cuire à petit feu durant une heure.
5. En fin de cuisson, retirer la viande et la découper en morceaux, mixer la soupe.
6. Rectifier l'assaisonnement.

Remettre les morceaux de viande et servir bien chaud.

Et j'enchaîne sans transition avec une autre célébrité.

Soupe à l'oignon

Temps de préparation : 30 minutes
Temps de cuisson : 30 minutes

- ++ 800 g d'oignons
- ++ 1,5 l de bouillon
- ++ 300 g de fromage râpé (gruyère, cantal par exemple)
- ++ 4 c.s. de farine bise
- ++ huile, sel, poivre

1. Émincer les oignons et les faire revenir à feu doux dans un peu d'huile jusqu'à ce qu'ils deviennent transparents.
2. Ajouter la farine, la faire légèrement roussir avant d'éteindre le feu et de laisser refroidir un instant.
3. Verser l'eau froide contenant le bouillon en prenant garde de bien remuer pour éviter les grumeaux.
4. Poivrer généreusement et laisser cuire à petit feu durant 20 minutes.

Au moment de servir, incorporer le fromage râpé.

Variante
la gratinée cuite au four

La préparation commence de la même façon, mais on supprime la farine (elle sera remplacée plus loin par des tranches de pain) pour obtenir un bouillon avec les oignons. Poivrer généreusement.

1. Dans un plat à gratin on répartit en couches successives : des tranches de pain fines et le fromage râpé avant de verser le bouillon aux oignons sur le tout.
2. Terminer par une couche de fromage râpé et passer à four moyen environ 30 minutes.

Un peu d'histoire

Que ce soit à Paris ou à Lyon, les bourgeois sortant du théâtre avaient coutume de terminer la soirée par une « gratinée », petit en-cas nourrissant souvent accompagné d'une coupe de champagne...
Différentes légendes se rapportent à la soupe à l'oignon, qui en attribuent la paternité à Louis XIV ou Louis XV. C'est en réalité un plat très simple confectionné à peu de frais avec des ingrédients communs que l'on trouve facilement dans n'importe quelle cuisine.

Il n'est pas interdit de manger des salades en hiver, surtout quand elles sont aussi nourrissantes que celle-ci.

Salade d'hiver : céréales et légumineuses

Temps de préparation : 10 minutes sans compter la cuisson du riz et des lentilles
Temps de cuisson : riz et lentilles, environ 30 minutes sauf si à la pression

- ++ 2 bols de riz complet cuit
- ++ 2 bols de lentilles brunes ou vertes cuites
- ++ 1 oignon
- ++ 1 yogourt nature
- ++ 1 poire
- ++ vinaigrette
- ++ une pincée de curry
- ++ une poignée d'un mélange de graines germées, par exemple alfalfa, fenouil et radis

1. Préparer la vinaigrette, y ajouter le yogourt nature et le curry.
2. Couper la poire en petits dés.
3. Hacher finement l'oignon.
4. Mélanger tous les ingrédients.
5. Rectifier l'assaisonnement.

Décorer à l'aide des graines germées.

Ou encore une autre formule qui nous rappellera l'abondance des salades estivales.

Salade d'hiver multicolore

Temps de préparation : 30 minutes
Temps de cuisson : recette crue

- ++ 1 betterave rouge crue moyenne
- ++ 3 carottes
- ++ 1 panais
- ++ 1/2 céleri-pomme, aussi appelé céleri-rave
- ++ 2 fenouils
- ++ 2 pommes
- ++ Une poignée de raisins secs
- ++ Quelques noix décortiquées
- ++ 2 œufs durs
- ++ Graines germées (fenouil et/ou alfalfa)
- ++ Vinaigrette au yogourt

1. Faire durcir les œufs.
2. Peler les légumes.
3. Râper grossièrement les carottes, le panais et le céleri.
4. Râper et réserver les betteraves.
5. Couper les pommes et les fenouils en petits dés.
6. Mélanger les légumes, les pommes et les raisins secs dans un grand plat en profitant de la couleur des betteraves pour la décoration.
7. Ajouter les noix et les œufs coupés en morceaux.
8. Arroser avec la vinaigrette.

Décorer avec les graines germées.

Le tableau hivernal ne serait pas complet si l'on ne parlait pas de la **pomme de terre** qui, traditionnellement, a constitué la base de l'alimentation des mois d'hiver, donc spécifiquement un légume local. Alors j'ouvre une parenthèse consacrée à Dame Pomme de terre !

La pomme de terre

C'est le légume le plus cultivé dans le monde puisqu'il vient en quatrième position dans la liste des produits alimentaires après le riz, le blé et le maïs. Un Européen en consomme environ 80 kg par an, dont près de la moitié sous forme de frites ou de chips.

Ainsi, qui aurait pu croire que cette solanacée, originaire des Andes et demeurée à l'état sauvage au Pérou pendant des siècles, prendrait, dès le XXe siècle, une place universelle parmi les produits de grande consommation ?

Dans nos régions, c'est un légume typiquement local, accessible tout au long de l'année. Il ne jouit pas d'une réputation gastronomique à proprement parler, il est le favori des enfants sous forme de frites ou de chips. On retrouve la pomme de terre dans de nombreuses préparations industrielles qui n'ont guère de ressemblance avec le tubercule sorti de terre. Le consommateur moyen, à l'achat d'un filet de pommes de terre se fiera éventuellement au descriptif des qualités culinaires de ce qu'il choisit, la variété n'étant même pas systématiquement indiquée sur l'étiquette. C'est tout juste s'il sait encore d'où viennent les pommes de terre. Depuis que celles-ci sont traitées de manière radicale, il n'y a plus de saison et on ne voit plus de germes qui guignent au travers des mailles du filet ou qui colonisent le bas du panier à légumes quand on les a oubliées quelques semaines.

La pomme de terre est devenue anonyme, en tant que telle. Elle n'a apparemment plus de lien avec la terre, on parle de pommes frites, de pommes dauphines ou de simple mousseline... Les pommes de terre ont-elles perdu leurs racines ?

Un peu d'histoire

On se rappelle leur origine quelque peu romanesque : les Conquistadores du XVIe siècle ramenant les premiers tubercules dans la cale de leurs bateaux d'abord en Espagne, en Italie puis dans les pays nordiques. Son implantation en France fut plus tardive, le bruit s'étant répandu qu'il s'agissait d'une plante toxique. Il est vrai que la pomme de terre – comme la tomate – appartient à la famille des solanacées dont certaines variétés produisent des baies toxiques, la belladone en particulier. Dans cette même famille, on trouve la mandragore, souvent associée à des pratiques de sorcellerie... Autant dire que la pomme de terre souffrait d'un préjugé négatif et devait faire ses preuves avant de trouver place au menu. C'est Antoine Parmentier qui va lui donner un sacré coup de pouce. Pharmacien de formation, il chercha à résoudre le problème des disettes souvent consécutives aux guerres par la valorisation d'aliments riches en amidon. Les rares cultures de pommes de terre étaient à l'époque réservées à l'alimentation du bétail, des porcs surtout. Suite à la publication de son livre, Examen chimique de la pomme de terre en 1778, Parmentier parvint à faire lever les interdictions de consommation. Ce personnage curieux a écrit d'autres livres, en particulier un ouvrage d'économie rurale destiné « aux dames »[41].

L'histoire ne dit pas quelle sorte pomme de terre fut ramenée des terres lointaines. De nos jours, on assiste à une explosion des variétés de ce tubercule qui est devenu le chéri des instituts de recherches agronomiques. Si l'on compte, dans nos régions, une vingtaine de variétés courantes sur le marché, il en existe plus de trois cents dans les catalogues spécialisés. L'Institut national français de la recherche agronomique (INRA) possède une collection de plus de mille variétés, conservées in vitro. Des particuliers ont, de leur côté, rassemblé de nombreuses espèces anciennes qu'ils maintiennent en vie au prix d'un travail fastidieux. Ils y veillent comme sur la prunelle de leurs yeux et risquent même de tomber dans l'illégalité… Car en vertu de normes européennes, il devient difficile d'échapper aux plants certifiés, plus question de replanter les pommes de terre de l'année précédente, les risques de contamination sont paraît-il trop grands. À lire les consignes on a l'impression d'avoir affaire à de précieux nouveaux-nés sous couveuse en période d'épidémies… un courant d'air mal placé et des années de recherches sont à recommencer ! Il faut dire que le marché de la pomme de terre joue dans la cour des grands, que les producteurs gèrent des surfaces énormes et que les transactions se font sur des tonnages impressionnants. Comme dans toute monoculture à base d'espèces sélectionnées, les végétaux – comme les animaux d'élevage – sont particulièrement fragiles et une épidémie virale peut détruire une récolte en un rien de temps. De plus, les critères agro-industriels sont de plus en plus stricts, le réglage des machines ne supporte pas les irrégularités, les normes d'hygiène n'ont pas le sens de l'humour et le consommateur a bon dos quand il apprend qu'on se met en quatre pour satisfaire ses envies... alors que ce sont plutôt les paquets de chips et compagnie qui le sollicitent au voisinage des caisses des grandes surfaces !

Pour notre marché de locavore, que faut-il retenir de toutes ces histoires ? Qu'allons-nous mettre au menu, quand et comment ? La majorité des pommes de terre que l'on trouve dans le commerce habituel, sont des variétés relativement récentes, issues de croisement et sélectionnées en raison de leur valeur marchande (conservation, résistance au transport, présentation, etc.). Quelques indications culinaires peuvent orienter notre choix, comme par exemple leur fermeté à la cuisson ou leur teneur en amidon qui les rendra plus aptes à devenir de bonnes frites. La saison a aussi son importance, car si on peut acheter des pommes de terre toute l'année, on n'échappera pas à la tentation des pommes de terre nouvelles du début de l'été ! Ce sont les précoces qui se conservent mal (Christa, Ostera, Sirtema et Amandine).

Parmi les variétés à usages multiples, et semi-précoces, la bintje, polyvalente, est la plus populaire, suivie de la Désirée qui a la peau rouge, comme l'Urgenta et sont

de qualité moyenne. On garde une note plus gastronomique pour la Charlotte, la plus répandue dans nos régions, mais qui ne passera pas le seuil du nouvel an, les variétés Nicola et Stella par contre seront les dernières avant le printemps.
De nouvelles variétés voient le jour et des contrées essaient de se faire une réputation autour de telle ou telle sorte de pomme de terre. Présentées dans des emballages soignés, elles s'apparentent à des produits de luxe où bien sûr toute ressemblance avec un tubercule connu est totalement fortuite !
Et la pomme de terre transgénique ? Sur le plan scientifique, la pomme de terre représente un domaine d'essai intéressant. La législation helvétique est plus restrictive que la française mais le public manifeste son opposition dans les deux pays.
Contrairement aux idées reçues, la valeur calorique de la pomme de terre reste modérée et se situe entre 80 et 90 kcal pour 100 g, soit par comparaison 2,5 fois moins qu'une portion de pain équivalente en poids. Cela s'explique par une teneur en eau élevée. La pomme de terre ne fait pas grossir, ce sont les produits que l'on ajoute souvent pour sa préparation (huile, beurre) qui y contribuent. Sur le

plan nutritionnel, elle est meilleure que les autres féculents et se place au même niveau que les fruits et légumes.
Si elle contient de la vitamine C altérée à la chaleur, il faut noter de bons scores en oligoéléments : potassium, sodium, phosphore et magnésium.

En conclusion, nous retiendrons que la pomme de terre figure en excellente place dans notre chasse locavore. Offrant ce qu'on appelle un bon rapport qualité prix, omniprésente, saine et sans chichi, elle sera une compagne fidèle qui mérite notre estime. Nous rencontrerons certainement des cultivateurs amoureux de leurs champs de patates, nous pourrons même fréquenter des fêtes dédiées à la pomme de terre[42] et, au travers des quelques recettes qui suivent, vous découvrirez qu'il n'y a pas que les frites au royaume de la pomme de terre !

En hommage à Antoine Parmentier, voici une variante légèrement différente de la version traditionnelle du hachis Parmentier. Le plat classique consiste en un gratin à deux étages, le rez-de-chaussée étant occupé par un hachis de viande et le premier par de la purée de pommes de terre. Le tout gratiné au four !
Pour enrichir cette préparation, voici une formule incluant des légumes de saison.

Hachis Parmentier enrichi

Temps de préparation : 30 minutes
Temps de cuisson : 50 minutes pour le tout

- ++ 300 g de viande hachée de bœuf
- ++ 2 gros oignons
- ++ 100 g de lardons
- ++ une petite boite de concentré de tomates
- ++ 1 dl de vin rouge
- ++ légumes de saison : choisir 2-3 légumes de saison à raison d'un ou deux de chaque

Pour la purée :

- ++ 1 kg de pommes de terre
- ++ 3 dl de lait
- ++ une pincée de noix de muscade râpée
- ++ 100 g de fromage râpé
- ++ sel, poivre

1. Faire revenir l'oignon émincé à feu doux.
2. Ajouter les lardons, puis la viande hachée, faire rôtir.
3. Ajouter le concentré de tomates dilué dans le vin rouge.
4. Saler, poivrer.
5. Faire cuire 10 minutes à couvert.
6. Peler et couper les légumes en petits dés.
7. Ajouter 1 dl d'eau.
8. Saler, poivrer.
9. Faire cuire 10 minutes à feu doux.

Remarque : l'idéal est de travailler sur deux feux simultanément.

Purée de pommes de terre :

1. Peler et couper les pommes de terre en quatre.
2. Les faire cuire 10 minutes à la pression ou 20 minutes à la vapeur douce.
3. Faire chauffer le lait, y ajouter le sel.
4. Réduire les pommes de terre cuites en purée avec un écrase-purée ou un moulin à légumes (surtout pas avec le mixer !).
5. Ajouter la noix de muscade râpée, recti fier l'assaisonnement.
6. Dans un plat à gratin, répartir le hachis sur le fond, le recouvrir des légumes et terminer par la purée.
7. Garnir le tout de fromage râpé.
8. Passer 30 minutes au four.

Les végétariens adapteront cette recette en supprimant la viande, mais en augmentant les quantités de légumes, éventuellement complétés par des champignons.

Le gratin dauphinois

La version la plus simple est facile à réaliser : des pommes de terre crues, en rondelles, placées dans un plat à gratin et recouvertes de crème ou de lait ou du mélange des deux, un peu d'ail écrasé, du sel et du poivre, avec ou sans fromage râpé pour recouvrir le tout. Une cuisson à four modéré, assez longue (au minimum une heure) pour que les pommes de terre soient fondantes. Selon les variétés de pommes de terre, le goût sera différent, des « charlotte », par exemple, apporteront une touche légèrement sucrée.

Un peu d'histoire

On raconte que ce plat fut mentionné une première fois en 1788 lors d'un repas organisé par le Duc de Clermont Tonnerre, lieutenant général du Dauphiné. Il n'y a pas de recette unique, le gratin dauphinois devient « savoyard » s'il contient du fromage, et tout simplement « gratin de pommes de terre » dans de nombreuses régions, jusqu'au Québec.

Le grand chef suisse, Fredy Girardet, en propose une version qui diffère de la traditionnelle.

La voici, telle qu'elle figure dans son livre : *La cuisine spontanée*[43] et présentée sur le net.

Gratin dauphinois selon Girardet

Temps de préparation 30 minutes
Temps de cuisson1 heure 30 minutes

- 400 g de pommes de terre
- 2 dl de lait
- 1 dl de crème double
- 1 petite gousse d'ail
- 20 g de beurre
- Sel, poivre de Cayenne, muscade

1. Pelez les pommes de terre, coupez-les en fines rondelles de 3 mm d'épaisseur et surtout ne les lavez pas !
2. Hachez très finement la gousse d'ail et mélangez-la aux rondelles de pommes de terre.
3. Mettez-les dans une casserole avec du lait, de façon que les pommes de terre soient juste couvertes.
4. Assaisonnez avec sel, poivre de Cayenne et quelques râpures de muscade.
5. Portez sur feu vif et laissez cuire 4-5 min, jusqu'à ce que vous constatiez que le lait s'est lié avec l'amidon des pommes de terre.

6. Ajoutez alors 0,5 dl de crème dans la casserole et donnez juste un bouillon. Retirez du feu et rectifiez l'assaisonnement.
7. Beurrez un plat à gratin suffisamment grand pour que la couche de pommes de terre n'excède pas 2 cm d'épaisseur. Rangez-y les pommes de terre et leur liquide de cuisson.
8. Ajoutez 0,5 dl de crème et mélangez avec les mains, pour bien la faire pénétrer.
9. Parsemez quelques flocons de beurre en surface.
10. Cuisez dans le bas du four préchauffé à 160 °C pendant une bonne heure et demie.

Sorte de plat national helvétique, les **rösti** sont plus courants en Suisse alémanique, mais de nombreux Romands en sont friands. Ce terme est apparu dans le langage courant sous la forme de röstigraben ce qui signifie « fossé de rösti » entre les régions francophones et alémaniques. Il est utilisé à chaque fois que les opinions politiques divergent fortement entre ces deux entités culturelles

Trucs et astuces

La plupart des recettes traditionnelles utilisent des pommes de terre déjà cuites, souvent de la veille pour qu'elles soient bien froides au moment de la préparation. De mon côté, je préfère partir avec des pommes de terre crues et obtiens un plat qui se rapproche de ce qu'on appelle les paillassons de pomme de terre.

Rösti à ma façon

Temps de préparation : 10 minutes
Temps de cuisson : 20 minutes

- ++ 1 kg de pommes de terre
- ++ 1 gros oignon
- ++ 150 g de lardons (facultatifs)
- ++ 1 pincée de curry ou de cumin moulu (selon les goûts)
- ++ 4 c.s. d'huile de colza

1. Laver, peler les pommes de terre.
2. Les râper grossièrement dans un plat creux.
3. Ajouter l'oignon émincé, les lardons éventuellement, les épices et la moitié de l'huile.
4. Mélanger bien le tout avant de le verser dans une poêle bien chaude qui contient le reste de l'huile, maintenir un feu vif.
5. Remuer fréquemment les pommes de terre afin qu'elles rôtissent partout sans attacher.
6. Saler, mettre un couvercle et continuer la cuisson à feu plus doux environ 5 minutes.
7. Former une galette dans la poêle en aplatissant les pommes de terre.
8. Réactiver le feu.
9. Quand la galette est rôtie sur sa face inférieure, la retourner à l'aide d'une assiette et faire rôtir l'autre face.

Servir bien chaud.

Les pommes de terre font partie de nombreux plats traditionnels, ainsi par exemple la tortilla con patatas en Espagne ou encore les Jack ou Jacket Potatoes des Britanniques. Il existe bien sûr de très nombreuses recettes, sans même aborder les frites.

La **pomme de terre**, comme la **carotte**, le **panais**, le **topinambour**, la **rave** ou le **navet**, le **céleri**, la **betterave rouge**, le **salsifis** ou **scorsonère** sont des légumes racines, rares survivants des nombreuses variétés qui se trouvaient encore dans les jardins du début du XXe siècle. Avec leurs collègues feuillus de la famille des crucifères (**choux** et compagnie), ils se conservent bien dans des locaux frais, pas trop secs ; ils sont à notre disposition tout l'hiver, sans avoir à parcourir des milliers de kilomètres, théoriquement tout au moins... Leur faible teneur en eau leur confère une densité riche en nutriments, vitamines, oligoéléments et des vertus d'antioxydant. C'est bien ce dont nous avons besoin pour traverser l'hiver sans soucis.

En conclusion

Pour se rapprocher le plus possible de son objectif, le locavore devra faire coïncider sa consommation de fruits et légumes frais avec les saisons naturelles de ces derniers. Ce ne sera pas toujours aisé ! Comme mentionné précédemment, il trouvera sur le net différents informations mais attention, elles ne sont pas toujours présentées avec l'option locavore !
Le tour est bouclé ! À ce stade, permettons-nous une petite halte d'émerveillement devant le tableau si vivant et coloré que nous offre le rythme des saisons. Allons-nous vraiment continuer à nous boucher les yeux, le nez et la bouche pour accepter dans nos assiettes la même alimentation insipide tout au long de l'année ?

Durant la saison froide on trouvera au rayon des légumes, **pommes de terre, carottes, betteraves rouges, panais, topinambour, raves ou navets, céleri-pommes*, choux, oignons et poireaux, ail.**
Dans une moindre mesure : **chou-fleur et brocolis, fenouil, endives et scaroles.**
Les fruits : **pommes, poires, kiwis** et les oléagineux comme les **noix, noisettes, amandes** pour ceux qui vivent au Sud.

* Céleri-pomme aussi appelé céleri-rave

Pour certains, oranges et citrons de proximité, mais la majorité d'entre nous supprimera les agrumes ainsi que tous les fruits exotiques comme l'ananas, la mangue, la papaye, le fruit de la passion, etc.

Dès le printemps : **mâche ou doucette, épinards, radis, asperges, petits pois et pois mange-tout, fines herbes. Fraises.**

Durant les beaux jours : **haricots, artichauts, côtes de bettes, tomates, courgettes, aubergines, poivrons, fenouil, toutes les salades, ail et oignon frais, concombre, pommes de terre nouvelles, chou, chou-fleur et brocoli.** Accompagnés des **cerises, abricots, pêches,** toutes les variétés de **prunes, petits fruits, melon**.

Avec les couleurs de l'automne, arrivent les **pommes, les poires et le raisin, les coings et les kiwis, les noix, noisettes et amandes, les châtaignes.**
Tandis qu'on extrait du sol : **carottes, panais, topinambour, pommes de terre, navet ou raves, betteraves, scorsonères ou salsifis.** C'est encore la saison des **épis de maïs, haricots à écosser, scaroles et salades frisées, poireaux, choux, courges.**

3

Mais **c'est la fin des tomates, courgettes, poivrons et aubergines** ; on ne mange pas de ratatouille entre octobre et fin mai ! Ni de salade de tomates ou de concombres durant cette même période.

Le choix du locavore est celui de l'avenir, avec lui mangeons des légumes et des fruits de saison cultivés à proximité de notre lieu de vie !

Chapitre 4

La mise en pratique

Au rayon fruits et légumes, le locavore trouvera facilement des alternatives. Ce sera plus difficile pour la viande, mais il sera motivé s'il réalise les conditions actuelles de la production animale. Les différents modes de conservation amélioreront son ordinaire.

Le bilan des courses

L'analyse de tous les composants de notre assiette, que ce soit les denrées de base ou les produits frais, débouche sur des conclusions similaires, à savoir que l'essentiel de ce que nous mangeons pourrait être produit sur place, mais ce n'est plus le cas, loin de là. Cette délocalisation entraîne une bonne partie du coût énergétique lié à l'alimentation. Charge en réalité sous-estimée sur le plan financier tant que le prix des énergies fossiles reste relativement bas. Si l'on applique le principe du « pollucur-payeur », les denrées qui transitent d'un pays ou d'un continent à l'autre sont trop bon marché. En particulier, la facture ne prend pas en compte le fait que le pétrole est une énergie non renouvelable vouée à disparaître, ni le dégagement accru de CO_2 et autres GES. Ce qui pourrait apparaître comme une négligence – voire un cadeau pour le consommateur – fait partie des stratagèmes de l'ultralibéralisme pour favoriser la libre concurrence. Sous le prétexte d'une offre relativement bon marché, cette politique engendre un déséquilibre profond qui condamne, à court terme, les petites exploitations où qu'elles se trouvent.

Simultanément, elle dévalise les ressources naturelles de la planète de manière irréversible et contribue au réchauffement climatique. Et surtout, par le jeu pervers des marchés financiers, elle aggrave sensiblement le drame de la famine. Nous voyons que tout est lié.

Nous avons évoqué de nombreuses raisons qui ont amené cette rupture et, si nous n'avons aucune prise directe sur certains éléments, il faut bien reconnaître que cet état de fait ne saurait exister sans la complicité plus ou moins consciente du consommateur. C'est alors que **la démarche du locavore est très positive : plutôt que de se poser en victime, il empoigne le problème** et cherche à le résoudre par des moyens qui lui appartiennent. Que pouvons-nous faire ?

Des pistes à explorer

Nous avons évoqué la problématique des produits d'épicerie, ou de base, et la grande difficulté de savoir d'où ils proviennent réellement. Avec les produits frais, il s'agit surtout de repérer les producteurs régionaux et de calquer ses besoins sur le rythme des saisons. Si pour certains, c'est une évidence, pour la grande majorité de ceux qui n'ont pas d'attaches campagnardes ou de jardin à disposition, il y a tout un apprentissage à faire, passionnant mais exigeant, tant nous sommes conditionnés à trouver de tout en chaque saison. Cette prise de conscience aura inévitablement un impact, car n'oublions pas qu'en tant que consommateur, nous pouvons :

- ➔ influencer le marché : si plus personne n'achète de tomates en hiver, ce marché s'étiole ;
- ➔ encourager les productions régionales : avec un débouché qui se calque sur les saisons, un maraîcher est moins sensible à la concurrence étrangère ;
- ➔ nous regrouper pour créer des circuits courts en relation directe avec les producteurs, c'est l'objectif des AMAP[44] (Association pour le maintien d'agriculture de proximité), des Jardins de Cocagne ou autres associations de ce type.

Un peu d'histoire

Le sigle AMAP est si bien entré dans le langage commun qu'on ne réalise pas combien il est récent. En 2001[45], deux maraîchers du Var ont eu l'idée de créer une association d'intérêts entre le cultivateur et le consommateur. S'inspirant de ce qui se faisait déjà aux USA, ils mettent sur pied un contrat de confiance qui permet la survie du paysan en la liant étroitement à l'approvisionnement du consommateur. Alors que le cultivateur sait que toute sa production sera écoulée à un prix juste, le client bénéficiera régulièrement de produits frais de qualité. Il suffisait d'y penser ! Ces associations se sont multipliées, en France d'abord, pour maintenant s'étendre dans le monde entier.

Genève voit la création de son premier Jardin de Cocagne[46] en 1978 sous la forme d'une coopérative qui gère les parcelles cultivées par des salariés, eux-mêmes aidés de manière ponctuelle par les adhérents de l'association. Ces derniers s'acquittent d'une cotisation indexée sur leurs revenus et bénéficient d'un panier bio en relation avec leurs besoins. Les différentes parcelles cultivées correspondent actuellement à 45 000 m2 ; elles sont menacées par l'extension de la ville. La production est répartie entre 400 familles environ. Des coopératives analogues se développent dans d'autres villes de Suisse romande et, généralement, il y a des listes d'attente pour figurer parmi les bénéficiaires.

Découlant de cette première expérience, le réseau Cocagne[47] voit le jour en France en 1991, sous le même principe. Il ajoute à son cahier des charges un volet social par le biais de la réinsertion de personnes en recherche d'emploi qui sont engagées et encadrées sur le terrain. Ce réseau s'est développé dans tout l'Hexagone et compte environ 110 jardins avec de nombreux projets en route.

Alors que les AMAP établissent le lien entre le producteur – préalablement existant – et le consommateur en recherche d'une meilleure alimentation, Cocagne part du besoin de ce dernier pour créer la structure jardinière. Ces deux types d'association convergent vers une étroite complémentarité entre les partenaires et œuvrent pour un approvisionnement de proximité, démarche qu'elles complètent par la diffusion de recettes.
Il existe de nombreuses formules locales qui s'apparentent à ces deux systèmes de référence. À chacun de découvrir ce qui se fait dans sa région ou encore susciter la création de réalisations similaires.

Nous pouvons aussi mettre la main à la pâte :

- ➔ coloniser le rebord des fenêtres ou le balcon avec des bacs à herbes aromatiques et même des petits plants de tomates cerises ou de salades ;
- ➔ jardiner autour de chez soi et transformer son gazon en potager, l'entourer d'arbustes à petits fruits. Il ne nourrira pas toute la famille, mais sera un point d'ancrage à la nature qui enrichira les enfants ;

- → rechercher un lopin à cultiver en bordure de la cité, ou chez une personne âgée avec jardin mais qui ne peut plus manier la bêche ;
- → louer une parcelle dans un espace de jardins familiaux.

Un peu d'histoire

C'est à la fin du XIXe siècle qu'on voit apparaître les jardins ouvriers. Rattachés à l'usine, ils avaient le double objectif de retenir l'ouvrier loin du café et de lui permettre d'améliorer l'ordinaire. Si les motivations ont changé, les jardins familiaux existent toujours ; ils sont innombrables, en France[48] comme en Suisse[49] et les revues qu'ils éditent sont le reflet de leur dynamisme. Ils sont souvent synonymes de convivialité et de partage à la bonne franquette. Leur production, difficile à chiffrer, est certes non négligeable. Impossible aussi de dire si le rapport quantité/prix est positif, mais la qualité est au rendez-vous, la plupart des associations prônant la culture bio. Seule ombre au tableau : les parcelles libres sont très rares... mais on peut inciter les communes à en créer de nouvelles !

Des initiatives originales sont relayées par les médias qui nous font découvrir des espaces verts citadins tout à fait surprenants, au fond d'une cour, en terrasse ou en toiture. Si la majorité d'entre eux sont décoratifs, il n'est pas exclu de trouver quelques planches de légumes parmi les fleurs.

Pour passer à la pratique, de nombreuses associations[50] [51] mettent sur pied des

Le petit plus

Biologique ou biodynamique ? Avec l'objectif commun d'un mode de culture respectueux de la nature, des cahiers des charges précis différencient ces deux méthodes et aboutissent à des labels spécifiques. À notre niveau, il faut simplement savoir que la biodynamie, inspirée par les écrits du philosophe Steiner[53], se base sur des préceptes complexes et utilise des préparations originales selon des protocoles précis[54]. Elle connaît de nos jours un essor impressionnant qui détonne dans un monde axé sur le rationalisme. Mais les résultats sont au rendez-vous ! De plus, son expansion va de pair avec la résistance face à la toute puissance de l'agrochimie sur le monde agricole. Pour bien des observateurs compétents, seule la culture bio – au sens large du mot – pourra garantir, sur le long terme, l'autonomie alimentaire des populations, le recul de la famine et la sauvegarde des terres arables[55].

stages d'initiation au jardinage. Les plus militantes sont orientées vers la culture bio ou encore biodynamique[52]. Ces options sont importantes car, malheureusement, certains jardiniers amateurs, soucieux d'améliorer leur production, ont tendance à abuser des produits phytosanitaires, cela d'autant plus facilement que leurs parcelles sont de taille modeste… et les emballages trop conséquents ! Il faut savoir que cultiver de manière biologique ne signifie pas « ne rien faire ». Non, c'est s'initier à des techniques souvent simples mais précises basées surtout sur l'observation des phénomènes naturels et le respect du rythme des saisons. Longtemps marginal, ce mode de culture a actuellement le vent en poupe dans nos pays et de nombreuses associations sont riches d'informations.

Un petit détour encore avant de conclure : la notion de permaculture figure parmi les derniers venus au chapitre des techniques de culture. C'est une manière de voir et d'agir qui relie les humains et leur environnement en un tout cohérent et coopérant. Du petit balcon au grand jardin, elle vise à incarner une approche globale basée sur le retour à un écosystème équilibré et capable de se développer dans la durée, en prenant en compte l'ensemble des acteurs concernés : production végétale, monde animal et besoins humains. Synergie exemplaire qui vise également à diminuer, de manière drastique, la dépendance aux énergies fossiles, qui s'inspire de la biodiversité naturelle des forêts et étend son concept à l'ensemble des activités humaines. Assurément une vision d'avenir qui mérite notre attention[56].

En résumé nous dirons que les circuits courts et la production de saison limitent le dégagement de CO_2. **Pour garantir son approvisionnement, il est important de se regrouper**, de retrouver, si possible, un lien avec la terre, jardinage par exemple et approche de la culture bio.

Les produits d'origine animale

Jusqu'à maintenant, nous avons concentré nos réflexions sur le règne végétal, relativement pauvre en protéines à l'exception des légumineuses. Qu'en est-il des denrées d'origine animale ?

Nous avons rapidement abordé la question des produits laitiers : lait upérisé ou beurre longue durée susceptible de traverser l'Europe sans dommage... Le fromage a droit à une place particulière : dans nos régions, il reflète le terroir, c'est un élément très important du commerce local, voire du tourisme. Il existe une infinité de formules régionales, plus ou moins réputées, et le locavore n'aura que l'embarras du choix. On tire donc un trait sur le morceau préemballé de la grande distribution, d'appellation commerciale et à la mine imputrescible ! Nous avons la chance d'avoir des richesses dans ce domaine, il est très important de les préserver de la voracité des grandes marques industrielles. Anne-Sophie Novel, dans son Guide du locavore[57], établit une chronologie saisonnière très précise pour les fromages, je vous laisse consulter son tableau si vous désirez « affiner » votre choix !

Pour ce qui concerne la viande, les habitudes ont aussi changé depuis que nous ne sommes plus étroitement reliés à la vie campagnarde. Le cochon sacrifié à l'entrée de l'hiver, les agneaux de lait préparés pour Pâques, la chasse réservée à des périodes précises, autant de paramètres qui ont disparu. Il y a de la viande tous les jours de l'année et sa provenance est multiple, régionale, nationale mais aussi internationale. Son origine doit être précisée aussi bien à la vente qu'au restaurant. Notre souci sera de trouver un boucher de proximité, voire directement un éleveur. Là aussi les magasins bio servent de relais.
Le poisson voyage lui aussi beaucoup mais la plupart du temps hors de l'eau ! On pourrait espérer que les riverains de la Méditerranée ont plus de chance que les Suisses romands. Pas sûr, car la majorité des poissons vient des côtes atlantiques ! De même, on pourrait envier ceux qui vivent aux abords du lac Léman, mais les fameuses perches qui font la réputation culinaire de la région proviennent souvent de bien plus loin... Au passage, on peut aussi se demander pourquoi le saumon est devenu l'hôte incontournable des étalages de poissons. De moins en moins sauvage, il provient d'élevages intensifs, très

gourmands en fourrage et responsables de l'asphyxie de l'écosystème marin sur des zones importantes[58]. On retrouve les mêmes problèmes. Greenpeace a établi la liste des espèces en voie de disparition, elle ne nous laisse qu'une faible marge de manœuvre. Alors, pour nous, les solutions ressemblent aussi à ce que nous avons évoqué plus haut : contacts directs avec la production, soit les pêcheurs, soit les petits élevages de poissons et les fumeries locales. La survie du monde marin est en jeu.

Détour inévitable au rayon boucherie...

À elle seule, la consommation de viande est un cas d'école qui soulève de multiples questions directement en lien avec la sauvegarde de la planète et la survie de ses habitants, je n'exagère pas ! On pourrait éviter de se poser cette question, la réponse du locavore, c'est-à-dire manger uniquement de la viande produite localement, résout une bonne partie des problèmes. Simplement parce que l'approvisionnement de proximité nous ramène à une consommation modeste de viande, donc à une empreinte écologique raisonnable, sauf bien sûr si nous vivons dans les environs d'une usine à viande. Mais à ce moment-là, il est fortement conseillé d'aller faire un petit tour sur place pour se rendre compte des conditions de production. Il est à parier que ce genre de visite entraîne une baisse de l'appétit ![59]

Cependant, il vaut la peine de pousser la réflexion un peu plus loin, sans entrer dans un plaidoyer farouche en faveur du régime végétarien. Ce dernier peut se justifier de différentes manières qui ne sont certes pas incompatibles entre elles. Outre les raisons religieuses, morales, culturelles ou économiques, de nombreux arguments plaident sinon pour un végétarisme strict, du moins pour une nette modération de la consommation de viande si on prend en compte le critère écologique. Durant ces vingt dernières années, la consommation mondiale de viande a été multipliée par cinq[60].

Quelques chiffres permettent de visualiser de façon simple les différences d'impact sur l'environnement entre les composants de notre menu [61] [62].

1. Les émissions de CO2

Exprimées en équivalent CO2 découlant de la production d'un kilo de quelques denrées, sans prendre en compte le transport de ces marchandises.

Pain, pâtes, riz	200
Fruits, légumes de proximité et de saison	150
Viande de bœuf	3 560
Viande de veau	13 650
Viande de porc	910
Poulet	850
Œufs	450
Poisson sauvage	500

La production d'un kilo de poulet dégage 4 fois moins de CO2 que celle d'un kilo de bœuf et 16 fois moins que celle d'un kilo de veau.

Ou évoquée d'une manière plus imagée : si on utilise comme unité le nombre de kilomètres parcourus par une voiture moyenne – entraînant donc un dégagement spécifique de CO2 – l'alimentation annuelle d'une personne végétarienne correspond à environ 2 200 km alors que celle qui mange de la viande « parcourt » le double, environ 4 500 km.

2. L'eau

Comparons aussi les litres d'eau nécessaires à la production d'un kilo des aliments suivants:

Pommes	700
Pain	1 300
Œufs	3'300
Poulet	3 900
Bœuf	15 500

Un kilo de bœuf ou un kilo de poulet ont la même valeur nutritive, par contre la quantité d'eau nécessaire à leur production donne à réfléchir, d'autant plus qu'elle confirme les résultats précédents.

3. Le sol

On pourrait récolter 160 kg de pommes de terre ou 200 kg de tomates sur une surface de terrain nécessaires pour produire 1 kg de viande de bœuf.
Il est évident que la consommation de viande correspond à une empreinte écologique importante. Cette constatation devient inacceptable lorsqu'on sait qu'elle a, pour corollaire, l'augmentation des inégalités

entre les nantis et le reste des habitants de la planète. Pourquoi ?
On retrouve le même processus, l'équilibre était garanti tant que nous mangions la viande produite localement dans des élevages de taille raisonnable, en réelle adéquation entre les surfaces agricoles disponibles, tant pour la production de fourrage que pour la gestion du fumier. Cet équilibre a été détruit par la recherche de profit maximal. La production industrielle de viande, par le biais d'une sorte d'élevage hors-sol, a pour corollaire deux facteurs qui auront une incidence directe sur l'environnement. D'une part, les champs et les récoltes alentours ne suffisent pas à nourrir ces immenses troupeaux, il faut donc recourir à des aliments complémentaires, d'origine industrielle et de composition parfois douteuse. L'épidémie de la vache folle a mis en évidence l'absurdité de vouloir nourrir des ruminants avec des farines animales... D'autre part, alors que l'élimination du lisier et du fumier se faisait naturellement dans la ferme traditionnelle, les halles d'engraissement en génèrent de telles quantités que la nature environnante ne peut plus les intégrer. C'est le drame des pollutions que l'on vit actuellement en Bretagne et qui entraînent, entre autres,

la prolifération des algues bleues sur le littoral breton. De plus, cette forte concentration d'animaux nécessite des règles sanitaires très strictes, avec une prescription excessive de produits pharmaceutiques. La moitié de la production mondiale d'antibiotiques est réservée à l'usage vétérinaire, sans compter les produits pharmaceutiques comme les vaccins, les hormones et autres produits de synthèse... Autant d'éléments qui polluent les cours d'eau et les nappes phréatiques et qui contribuent indirectement à la production de GES.

Comme pour l'agriculture intensive, des directives gouvernementales ont essayé de cadrer cette explosion provoquant, par ricochet, des délocalisations vers des régions moins réglementées. Aux pollutions environnementales, telles que déprédations des sols, déforestations d'espaces naturels indispensables à la survie de la planète, vient s'ajouter le détournement des ressources locales au profit d'une production animale très vorace en denrées alimentaires de base. On estime qu'à l'échelon mondial, le tiers des terres cultivables est destiné à l'alimentation animale et le quart est utilisé comme pâturage, soit un total d'environ 60 % des terres agricoles. Parmi ces cultures, le soja et le maïs figurent au premier plan, le plus souvent génétiquement modifiés. On peut noter au passage que ces mêmes denrées alimentaires sont aussi détournées de l'alimentation humaine au profit de la fabrication des agrocarburants. Il n'y a pas de mystère, les multinationales tirent les ficelles et orientent leurs marchés là où elles trouvent les meilleurs rendements. Le système est bien rodé.

Un dernier élément à comptabiliser, c'est le dégagement de GES des troupeaux de ruminants, car ils sont les champions des émissions gazeuses. Ce qui pourrait s'apparenter à une plaisanterie de corps de garde est, en fait, une réalité tangible : on estime qu'on leur doit 15 à 20 % des émissions globales de méthane.

En quittant le domaine des chiffres, on ne peut passer sous silence les conditions d'élevage et d'abattage actuelles. Le productivisme débridé entraîne la création d'animaux monstrueux – une dinde des USA peut atteindre 18 kg en 15 semaines environ... si l'on peut encore appeler « dinde » cette espèce de gros boudin incapable de se mouvoir ? Les sociétés protectrices des animaux font un excellent travail de sensibilisation, mais qui ne suffit pas à refréner les appétits voraces des producteurs ni même notre comportement moyen. N'importe quel consommateur peut très bien s'indigner face à un reportage dans les usines à viande, mais l'émission passée il va tout de même retourner acheter la viande de la grande surface produite de cette manière. Il faut dire que l'emballage sous vide n'a plus aucun rapport avec l'animal maltraité et drogué montré sur le petit écran… Et les livres pour enfants parlent toujours de la gentille fermière et de la vache dans le pré !

Tous ces éléments vont encourager le locavore à persister dans sa recherche de proximité, via les petits producteurs, les charcuteries artisanales ou la filière bio respectueuse de critères écologiques.

Les produits afficheront sans doute un prix plus élevé qui va l'inciter automatiquement à réduire sa consommation au profit d'autres sources protéiniques comme les légumineuses, les œufs et les produits laitiers. Mais nous n'allons pas détailler ici la question de l'équilibre alimentaire.

Clés d'autonomie

Nous ne le dirons jamais assez, la conversion du locavore est difficile, avec des hauts et des bas. C'est un chemin qui nécessite beaucoup de créativité et de facultés d'adaptation. Pour mieux gérer ce « reconditionnement », je viens vous suggérer des arabesques latérales, en quelque sorte des clés d'autonomie.

Si nous faisions quand même la nique aux saisons ? Avec de l'eau, de la lumière, des bocaux de verre et quelques étagères, on va créer son petit jardin intemporel mais bien concret, je veux parler des graines germées ! Technique magique, elle apparaît ici comme l'alliée indéfectible du locavore et, largement pratiquée, elle pourrait améliorer considérablement le quotidien de ceux qui n'ont pas ou plus de contact avec la nature, sans parler de sa généralisation, idéale dans les régions où sévit la famine.

Je me permets d'emprunter quelques informations de base à l'ouvrage de mon amie Carole Dougoud Chavannes, *Les graines germées de A à Z*[63].

Trucs et astuces

Les faits sont impressionnants et si vous n'avez pas encore fait cette expérience, je vous conseille vivement d'essayer. Vous prenez 2 cuillères à soupe de graines d'alfalfa (de la luzerne en langage commun mais en qualité « à germer, bio ») que vous faites tremper une nuit dans un bocal de 2 litres contenant de l'eau. Le lendemain, après avoir fermé votre bocal d'une gaze bien tenue par un élastique, vous égouttez les graines et vous placez le bocal en biais, la tête vers le bas sur l'égouttoir de votre évier. Chaque jour, matin et soir, vous rincez ces petites graines sous l'eau courante, en prenant soin de bien les démêler à l'aide d'une cuillère en bois et de remettre chaque fois le bocal en position oblique afin que l'air circule bien. Si votre local est à température ambiante, en 4 ou 5 jours votre volume de 2 litres va être pratiquement occupé par les germes et vous aurez de la peine à réaliser qu'au départ vous n'aviez que deux cuillères à soupe de graines qui se perdaient dans le fond. En tournant bien le bocal pour que les germes profitent au maximum de la lumière, vous obtiendrez aussi de petites feuilles vertes avec leur précieuse chlorophylle. Ce plein bocal est le premier miracle des graines germées.

En regardant de plus près, on voit d'autres de miracles : cette petite graine minuscule, qui n'avait l'air de rien, donne une moisson de germes riches en protéines (15 à 20 %), qui contiennent également des oligoéléments très variés, même si en dose infime (phosphore, calcium, potassium, soufre, magnésium, cuivre, manganèse, fer, cobalt, molybdène) ainsi que vitamines, enzymes et hormones végétales.

Les graines germées, un jardin dans la cuisine et des crudités tout au long de l'année !

L'alfalfa, dite « reine des fourrages » est utilisée depuis des millénaires et sous tous les climats pour l'alimentation du bétail. Sa consommation sous forme de germes permet à l'être humain, qui, lui, ne broute pas, de profiter de cette richesse nutritive. Sur le plan pratique, la fabrication domestique de graines germées est gage d'autonomie et procure une alimentation de première qualité à un coût très bas. Un peu de patience, beaucoup de curiosité, un brin de ténacité et une touche de fantaisie, nous avons les clés d'une complémentation alimentaire équilibrée en toute saison. N'est-ce pas fantastique ?

Une autre façon de contourner les impératifs saisonniers, sera de recourir aux méthodes de conservation. En premier lieu, le congélateur… Oui, les puristes vont crier au loup, mais voyez-vous, on fait ce qu'on peut ! Il est vrai que le congélateur consomme une énergie non négligeable et, de ce fait, devrait être banni. Comme toujours, il s'agit de mesurer les avantages et les inconvénients. À chacun d'analyser au mieux sa situation et de tirer ses propres conclusions. Il faut toutefois reconnaître que l'achat puis l'installation du congélateur ne sont pas toujours possibles. Par contre, si c'est envisageable, cette méthode de conservation permet de réguler ses provisions de manière intéressante, surtout quand il y a afflux de produits frais. C'est précieux de retrouver hors saison des petits fruits congelés ou d'avoir à disposition les côtelettes de l'agneau acheté entier à l'éleveur du coin. Sans oublier les plats cuisinés maison bienvenus en dépannage !

Trucs et astuces

Les fruits et légumes séchés se conservent longtemps dans des récipients bien étanches placés dans un endroit à l'abri de la lumière. Pommes, poires, pruneaux, abricots, éventuellement raisins parmi les fruits de nos contrées. Au rayon des légumes haricots, tomates, courgettes, et pourquoi pas carottes, panais, betteraves rouges et toutes les sortes de champignons. Avant séchage, il est important de bien nettoyer les aliments, d'enlever toutes les parties abîmées et de découper en lamelles les fruits ou légumes. Au moment de leur utilisation, les faire tremper dans de l'eau tiède et prévoir un délai assez long pour bien profiter de la texture retrouvée des denrées.

Le séchage est une technique de conservation pratiquée sous toutes les latitudes et depuis fort longtemps. Soit directement au soleil en plaçant les fruits, légumes ou champignons sur des claies en bois que l'on rentre le soir.

Soit en utilisant un petit séchoir solaire facile à construire. Ou encore avec un modèle électrique, de faible consommation énergétique et qui peut appartenir à plusieurs ménages.

Les « conserves » sont aussi traditionnelles, il vaut la peine de s'y attarder un instant. Revenons à nos propres conserves : on peut tout conserver, cela demande du temps, de l'argent – il faut acheter des bocaux – et de la place pour entreposer ces conserves. Mais le principe est simple[64] !

Un peu d'histoire

On a tendance à penser que c'est Pasteur qui a inventé la conserve, on parle de pasteurisation. Mais en réalité, le principe de la conserve domestique revient à Nicolas Appert, Français également, qui a mis au point un système de stérilisation par la chaleur dans des récipients hermétiques en verre, 60 ans avant Pasteur. Sa découverte a pris le nom « d'appertisation ». Elle fut précieuse pour procurer une meilleure alimentation aux marins au long cours. Appert n'avait pas le sens du commerce, il géra sa petite entreprise en tant que « bienfaiteur de l'humanité » et en diffusant si efficacement son invention... que les Britanniques déposèrent un brevet ! Ils amèneront Appert à la ruine en remplaçant les récipients de verre par la fameuse « boite » de conserve en fer-blanc qui sera beaucoup plus facile à transporter, mais il faudra attendre 50 ans l'invention de l'ouvre-boîtes ! L'histoire se termine tristement avec la mort d'un Appert ruiné qui finit à la fosse commune.

Trucs et astuces

On fait cuire les légumes ou les fruits, simplement au naturel dans un bouillon ou un sirop, on les met dans un bocal préalablement ébouillanté puis hermétiquement fermé avant de le faire chauffer dans un autocuiseur le temps nécessaire indiqué sur la recette. Il est aussi possible de stériliser de cette façon des plats cuisinés. Des livres de recettes ou des sites sur le net vous donneront toutes indications utiles.

Autre mode de conservation : les confitures ! Là aussi de nombreuses recettes, que ce soit la formule ancestrale qui recommande simplement de réunir un poids égal de fruits et de sucre à faire cuire jusqu'à épaississement adéquat ou les inventions les plus créatives des nombreuses artisanes de la confiture-maison. Pour le locavore, c'est un bon moyen de mettre l'été en bocal et de se régaler tout au long de l'année. Donc on prend !

Le congélateur au secours du locavore, les techniques de nos grands-mères remises au goût du jour, séchage, conserve et confitures.

J'avais annoncé une vision du futur, ne l'oublions pas ! Cependant, je vous invite dans les « fermes à spiruline » qui appartiennent déjà au présent, dans le Sud de la France par exemple. La spiruline est une algue très nutritive et qui pousse bien dans les climats chauds où l'on compte de très nombreuses exploitations. Elle se consomme sous forme sèche, en comprimés ou en paillettes. J'ai eu envie de l'évoquer ici, car c'est un aliment de très grande valeur et qui peut complémenter une alimentation simple. En effet, elle offre un taux de protéines dépassant les 60 %, des acides gras, des oligoéléments et des vitamines. Bref, de quoi faire pâlir un bon apothicaire ! C'est sûr que pour avoir l'équivalent protéinique d'un beefsteak il faut avaler une grosse quantité d'un produit au goût tout de même assez particulier. Les carnivores ne vont pas y trouver leur compte ! N'empêche que, prise régulièrement dans une sauce à salade par exemple, la spiruline améliore sensiblement les valeurs nutritives de notre alimentation. Dans le Sud de la France, on peut la considérer comme une ressource locale intéressante[65]. Je ne souhaite pas que la nourriture de l'avenir se réduise à des produits en poudre, mais je trouve amusant que la fabrication de la spiruline se fasse dans des « fermes ». Elle figure en bonne place dans des programmes d'aides alimentaires pour les régions défavorisées.

Nous terminerons ce chapitre sur cette vision d'avenir qui n'appelle aucun autre commentaire !

Chapitre 5

Encore quelques précisions avant de conclure

Après un bref rappel des étapes de la démarche locavore, nous aborderons quelques questions récurrentes : bio ou local, commerce équitable ou régional ? Puis nous conclurons par un mini-tour du monde gourmand !

Neuf bonnes raisons… pour un locavore tout neuf!

Un bref résumé de tout ce qui précède, met en évidence les arguments suivants qui plaident en faveur du régime locavore.

1. Si nous achetons des denrées alimentaires de proximité nous limitons les pollutions générées par le transport.
2. Si nous mangeons des fruits et légumes de saison, nous supprimons les nuisances dues aux cultures intensives sous serres chauffées.
3. Si nous nous fournissons en viande et poisson directement auprès du petit producteur, nous éliminons les préjudices inhérents aux élevages industriels.
4. Si nous diminuons notre consommation de viande, rouge en particulier, nous améliorons l'empreinte écologique de notre assiette, davantage encore si nous devenons végétariens.
5. Si nous sommes curieux, nous pouvons trouver facilement des produits laitiers régionaux.

6. L'approvisionnement de proximité est plus aléatoire pour les céréales et autres denrées de base, qui transitent souvent au travers de l'Europe. Il existe parfois des productions régionales.

7. Les épices, le thé, le café, le sucre de canne et le cacao ne peuvent être de proximité. Leur consommation ne constitue qu'une faible part de notre alimentation.

8. Pour effectuer tous ces changements, il est indispensable de trouver des complices autour de nous. Les marchés de quartier et les magasins bio sont souvent le meilleur carrefour pour ce genre d'échanges. L'idéal serait d'avoir accès à un coin de jardin !

9. Si, à l'échelon personnel, l'attitude locavore n'entraîne qu'une contribution infime à la lutte contre le réchauffement climatique, conjuguée avec celles de milliers d'autres personnes, elle devient tangible. Par la prise de conscience qu'elle génère, elle peut jouer un rôle primordial pour redonner sa juste place à une agriculture de proximité. Il y a malheureusement urgence...

Le bio en question

À de nombreuses reprises j'ai employé le terme « bio » sans le rattacher explicitement au concept locavore. Qu'en est-il exactement ? Le mode de production bio amène deux éléments qui vont séduire le locavore. Tout d'abord, en refusant les adjonctions chimiques telles que les engrais de synthèse, les pesticides et autres produits phytosanitaires, l'agriculture bio affiche une empreinte écologique bien inférieure à celle de l'agriculture traditionnelle[66]. D'autre part, on constate que les petits producteurs se tournent de plus en plus vers le secteur bio qui est adapté à la taille de leurs exploitations et répond certainement mieux aussi à la demande de leur clientèle. Sans en faire un critère absolu, le locavore choisira souvent des produits bio et sera peut-être **confronté au dilemme : local ou bio, que choisir ?**

Au passage

Un mot sur les produits bio de la grande distribution : ils représentent une porte d'entrée pour ceux qui n'auraient pas la possibilité de fréquenter une boutique bio, par crainte du coût dans bien des cas. Si des adeptes du bio se sont réjouis de cette démocratisation, il faut cependant savoir que les petits producteurs n'y trouvent pas toujours leur compte. Les distributeurs ont les mêmes impératifs commerciaux pour les produits conventionnels que pour ceux issus de la filière bio, ils vont acheter au prix le plus bas, donc favoriser des cultures intensives et délocaliser au maximum. Un maraîcher régional ne peut satisfaire les exigences de la grande distribution. Il se tournera plus facilement vers les circuits courts, les AMAP et autres modes de distribution directe.

Les autres biens de consommation

Nous avons focalisé notre attention sur les denrées alimentaires, mais il est évident que nous vivons entourés d'une foule de biens provenant des quatre coins de la planète et contribuant eux aussi au réchauffement climatique ! Avec la même cohorte de nuisances découlant de l'exploitation des populations pauvres et de l'épuisement des ressources naturelles. On peut exprimer un autre regret : les métiers de la terre tendent à disparaître de nos contrées, on parle d'affecter les derniers paysans à la sauvegarde du paysage ! Les artisans sont présentés dans des musées et les petites entreprises locales sont en voie de disparition, étranglées elles aussi par une concurrence basée sur une production à bas prix, avec un impératif de profit maximum pour les intermédiaires. Une page importante s'est tournée, avons-nous atteint un point de non-retour ? Que se passera-t-il le jour où l'énergie fossile coûtera son prix réel ou pire, viendra à disparaître ?

J'évoquerai sans le développer un dernier argument d'ordre économique : le client de la grande distribution ne sait pas qui va toucher le montant de son ticket de caisse. Argent virtuel ou physique, ce n'est qu'une monnaie d'échange appelée à transiter vers des comptes bancaires souvent internationaux. En payant ses légumes au marché du coin, le locavore voit bien que le maraîcher ouvre son porte-monnaie et peut imaginer sans peine que cela lui permettra à son tour d'acheter quelque chose dont il a besoin. Il y aurait toute une réflexion à mener sur la renaissance de l'économie de proximité, des informations à glaner sur les expériences de monnaies locales (les SEL), sur le sens de l'échange et du troc[67]...

Sans a priori au départ, le parcours du

locavore va l'amener inévitablement à se poser les questions :

- local ou bio pour les denrées alimentaires ?
- local ou étranger pour les biens d'équipement ?
- que signifie « commerce de proximité » ?

Le locavore n'est pas seul au monde !

Le locavore n'est pas un spécimen isolé. Il faut le situer dans une mouvance beaucoup plus large qui réunit des institutions, des associations et des ONG qui militent activement pour « remettre l'église au milieu du village ». Parmi ces associations, je citerai Via Campesina[68] (la « voie paysanne » en espagnol), un mouvement international qui a vu le jour en 1993 et coordonne des organisations de petits paysans et de communautés indigènes de tous les continents. En 1996, à l'occasion d'un forum sur l'alimentation, organisé par la FAO, Via Campesina a présenté le concept de la « souveraineté alimentaire » et l'a défini comme le droit des populations et des États à disposer de l'agriculture la mieux adaptée à leurs besoins, ne générant pas de nuisances et permettant une juste rémunération du travail. Deux notions sous-tendent ce concept : la culture bio et le refus des OGM. Il est donc en totale opposition avec les directives de l'OMC (Organisation mondiale du commerce) qui a ouvert les frontières, prône la libre concurrence, soutient les exploitations industrielles et accepte les organismes génétiquement modifiés. Via Campesina regroupe aujourd'hui 148 organisations réparties dans 69 pays. Elle milite pour que l'OMC soit placée sous le contrôle de l'ONU et non à la solde des multinationales ultralibérales. Parmi ses membres on trouve la Confédération paysanne[69] pour la France, Uniterre[70] pour la Suisse qui font toutes les deux un travail admirable, leurs sites sont riches d'informations.

Le locavore trouvera de l'aide sur de nombreux sites Internet, dans des ouvrages et des journaux spécialisés, auprès d'institutions agricoles, d'associations de consommateurs, de petits producteurs, des regroupements de quartier, des jardiniers amateurs, etc. Avec son attention en éveil, il se rendra compte que bien des gens partagent son souci et imaginent des solutions dont il pourra s'inspirer. Je vous recommande tout particulièrement le documentaire visible sur le net : *Horizons alimentaires*[71].

Le locavore n'est pas seul dans son coin, organismes divers, sites sur le net, littérature ;de nombreuses informations sont à sa disposition.
Les références sont regroupées en fin d'ouvrage, assorties de quelques commentaires pour en faciliter l'accès.

Commerce équitable, échanges Nord-Sud ?

En évoquant avec notre entourage la problématique des produits de proximité, les critiques, les moqueries et les doutes ne tardent pas à affluer. Le locavore sera certainement confronté à ces deux questions :

→ manger local n'est-ce pas une attitude de repli nationaliste ?

→ ne va-t-on pas porter préjudice aux populations de l'hémisphère Sud qui vivent de la production des denrées alimentaires qui nous sont destinées ?

Dans une société ouverte à tous vents, le réflexe identitaire pourrait se justifier par la perte des racines, des traditions. Une attitude à respecter dans la mesure où elle ne cautionne pas la chasse à l'étranger que revendiquent des partis politiques extrémistes.
Le problème des échanges avec les pays pauvres est une question importante à laquelle il n'y a pas de réponse toute faite. Sachons cependant que les cultures intensives, pratiquées dans les régions pauvres, le sont souvent au détriment du ravitaillement des populations locales. Les sols sont exploités, les normes sanitaires peu respectées, les conditions de travail inadmissibles. Dans l'introduction, je parlais des roses du Kenya, ce n'est pas un coup de gueule dans le vide, c'est une réalité, nous pouvons acheter des roses avec un « label équitable », mais qui sont cultivées de manière si intensive que les terres sont détruites, les réserves d'eau potable polluées et les travailleurs intoxiqués. Peut-être rémunérés correctement, mais avec quel pronostic vital ?
Si les exploitations délocalisées vers les régions pauvres donnaient la priorité aux cultures vivrières et ne nous destinaient que le surplus, le tableau serait totalement différent. Malheureusement, ce n'est

pas le cas et l'arrivée de la Chine dans ce champ mondial n'arrange pas les choses, ni l'achat de territoires entiers en Afrique par des hommes d'affaires occidentaux ou chinois et destinés aux exploitations intensives. Autant de facteurs qui aboutissent à une situation dramatiquement absurde : une production alimentaire mondiale en expansion qui voit monter sa cotation en Bourse et, simultanément, l'aggravation de la famine dans d'immenses régions du globe, là où les populations n'ont plus les moyens d'acheter le riz ou le maïs qu'ils cultivent. Jean Ziegler parle de Destruction massive[72] au travers d'un plaidoyer qui me touche profondément. À notre échelle, que pouvons-nous faire ?

Il est vrai que les échanges du Sud vers le Nord pourraient profiter à tout le monde, mais actuellement, et de manière globale, ce n'est pas le cas. Sauf, bien sûr, avec de petites ONG qui connaissent la réalité locale et peuvent œuvrer avec discernement. Et nous proposer, par exemple, les mangues séchées des Magasins du Monde[73].

Consommer des produits en provenance des pays pauvres est rarement le bon moyen pour lutter contre la famine dans ces régions.

5

Un dernier tour du monde pour le cuisinier locavore

Quelle meilleure conclusion à ces réflexions que trois recettes « tour du monde » : partis d'Amérique du Sud, nous traverserons les océans pour aborder en Inde et reviendrons au Maroc à l'époque du Ramadan ! Nous démontrerons que manger local ne nous condamne pas à bouder les cuisines qui viennent d'ailleurs.

Empanadas d'Argentine

Temps de préparation: 45 minutes
Temps de cuisson: 30 minutes

Pour la pâte :

++ 300 g de farine mi-blanche
++ 2 dl d'huile ou 100 g de beurre
++ une pincée de sel
++ un verre d'eau tiède additionné d'une c.c. de vinaigre

Pour la farce :

++ 400 g de viande hachée
++ 1 oignon émincé
++ 1 carotte râpée
++ Sel, poivre

1. Préparer la pâte en incorporant du bout des doigts, le corps gras à la farine préalablement salée. Quand le mélange est bien sablonneux, verser l'eau jusqu'à la formation d'une pâte malléable. Ajuster la quantité d'eau. Ne pas trop pétrir. Si possible laisser reposer quelques heures dans un endroit tempéré.
2. Faire revenir la viande hachée avec l'oignon émincé et la carotte râpée. Épicer et saler à convenance. Cuire à feu couvert environ 20 minutes.
3. Étaler la pâte et découper des ronds de la taille d'une petite assiette par exemple.
4. Placer un petit tas de farce sur une moitié et replier le cercle après avoir humecté les bords.
5. Dorer au jaune d'œuf et faire cuire à four chaud (180 °C) durant 30 minutes.

Servir avec une salade.

Partons en Inde manger un

Curry royal de pommes de terre

Temps de préparation 15 minutes
Temps de cuisson 30 minutes

- ++ 1 kg de pommes de terre
- ++ 2 c.s. de beurre fondu ou d'huile
- ++ 4 cm de gingembre frais râpé
- ++ 2 petits piments verts
- ++ 1 c.c. de poudre de piment rouge
- ++ 2 oignons émincés
- ++ 1/4 l de crème
- ++ 1/4 l d'eau
- ++ 30 g d'amandes moulues
- ++ 2 sachets de safran en poudre
- ++ 1 bâton de cannelle
- ++ 2 clous de girofle
- ++ 4 graines de cardamome
- ++ 1 cuillère à café de graines de coriandre
- ++ sel, poivre en grains
- ++ 1 yogourt nature

1. Peler les pommes de terre et les couper en cubes.
2. Dans le beurre fondu ou l'huile, faire revenir à feu doux toutes les épices – sauf la cannelle.
3. Ajouter les oignons puis les pommes de terre, les amandes moulues et le bâton de cannelle.
5. Saler et mouiller avec l'eau et la crème.
6. Laisser mijoter une vingtaine de minutes.
7. Ajouter le safran, vérifier l'assaisonnement.

Servir bien chaud.

Au mois du Ramadan, le jeûne quotidien est rompu avec une soupe nourrissante. L'harira remplit bien cette fonction, elle réunit légumineuses, légumes et céréale. Elle peut aussi contenir de la viande. Au Maroc, elle se mange accompagnée de dattes fraîches et épicée de jus de citron frais. Nous opterons pour des pruneaux secs et nous nous passerons de jus de citron !

Harira marocaine

Temps de préparation : 1 h 30 minutes
si on compte la préparation des lentilles
Temps de cuisson : 60 minutes

- ++ 200 g de lentilles
- ++ 2 oignons
- ++ 2 carottes
- ++ un petit céleri-pomme
- ++ quelques tomate ou une petite boîte de concentré de tomates
- ++ 1,5 l de bouillon
- ++ 4 c.s. de farine complète
- ++ 2 clous de girofle
- ++ coriandre moulue ou fraîche
- ++ 4 c.s. d'huile
- ++ sel, poivre

Option :

- ++ 250 g de ragoût de bœuf

1. Mettre les lentilles dans le double de leur volume en eau.
2. Ajouter 1 oignon et 2 clous de girofles.
3. Faire cuire 30 minutes environ (selon la qualité des lentilles).

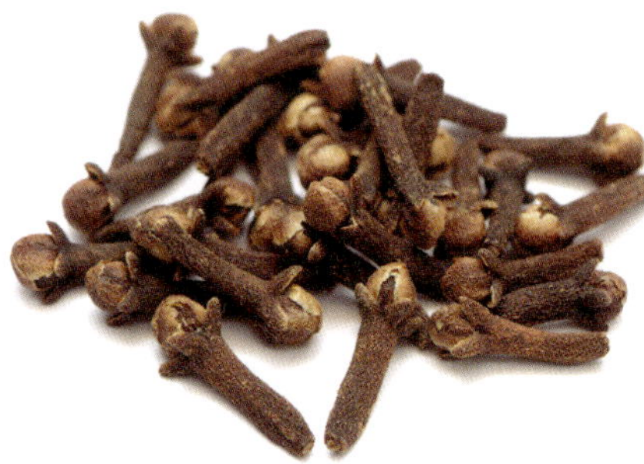

Simultanément :

4. Préparer les légumes, les peler et les couper en morceaux.
5. Si option viande : faire revenir les morceaux de bœuf dans un peu d'huile.
6. Ajouter 1 oignon puis les légumes.
7. Ajouter les lentilles avec leur eau de cuisson.
8. Compléter avec le bouillon.
9. Saler, poivrer.

Laisser cuire 45 minutes environ.

10. Retirer les morceaux de viande.
11. Mixer les légumes et les lentilles.
12. Ajouter la farine délayée dans un verre d'eau froide.
13. Amener à ébullition.
14. Rajouter la viande.
15. Rectifier l'assaisonnement et servir bien chaud.

Nous voici au terme de ce voyage et de cet ouvrage. Il y aurait encore bien des choses à dire, mais il est temps pour vous de passer à la pratique.

En quelques mots je vous rappelle les principales étapes.
Inventaire des denrées habituellement consommées et classées selon leur origine géographique.
Liste des aliments à éviter en tenant compte des besoins de chaque personne concernée par cette démarche si elle est collective, familiale par exemple.
Inventaire des ressources locales : marché, petits producteurs, magasin bio, AMAP et autres organisations de consommateurs, jardins familiaux. Prise de contacts.
Estimation du temps disponible pour une mise en route « locavore », compte tenu des horaires de travail, de la localisation des points d'approvisionnement, des moyens de déplacement (avec ou sans voiture), du partage des tâches.
Démarrage progressif et planifié sur plusieurs mois, voire une année... avant de ne plus revenir en arrière !

Autant de démarches qui seront très différentes pour chacun, car étroitement liées aux lieux de vie, aux choix individuels, aux possibilités financières. Toutes ces étapes demandent du temps, de la disponibilité. À chaque saison il y aura des ajustements à faire, de nouvelles découvertes, mais peut-être aussi des ras-le-bol et des énervements… Une fois le processus bien rodé, vous direz comme ma copine Florence qui fréquente l'AMAP de son village : « J'ai complètement changé mon comportement, je ne connais plus les gros caddies des grandes surfaces, je découvre des gens intéressants avec lesquels j'ai de réels contacts. En famille on mange mieux et financièrement cela ne nous revient pas plus cher, au contraire ! »

Je vous souhaite des explorations pleines de belles surprises, des rencontres fructueuses et beaucoup de bonheur dans le respect de notre mère la Terre ! Je vous quitte sur une citation de Pierre Rabhi extraite de son petit *Manifeste pour la Terre et l'Humanisme*[74].

« Je pense qu'il est temps pour chacun d'entre nous de reprendre le pouvoir sur son existence et d'incarner une politique en actes dans chacune des sphères de son quotidien : achats, déplacements, relations humaines, éducation des enfants, habitat... Car la solution n'est pas de croire que le changement des structures, des dispositions écologiques ou de la diffusion de l'agriculture biologique vont sauver l'humanité. Nous pouvons manger bio, recycler notre eau, nous chauffer solaire et... exploiter notre prochain ! Ce n'est pas incompatible ! Seul le changement individuel par l'éveil de la conscience nous sauvera. Il incombe à toute personne convaincue de cette nécessité de prendre librement en compte sa propre transformation ».

Références

[1] *Notre poison quotidien*, film de Marie Monique Robin, 2011.

[2] *Nos enfants nous accuseront*, film de Jean-Paul Jaud, 2008.

[3] *The 100 miles diet, a year of local eating*, Alisa Smith et James Mac Kinnon, Ed. Vintage Canada, 2007 (non traduit en français fin 2011).

[4] *Un jardin dans les Appalaches*, Barbara Kinsolver, Éditions Rivages, 2007.

[5] *Le guide du locavore*, Anne-Sophie Novel, Éditions Eyrolles, 2010.

[6] *Des fraises en hiver et autres besoins inutiles de notre alimentation*, Claude Marie Vadrot, Delachaux et Nieslé, 2010.

[7] *Fruits et légumes de saison*, René Longet, Éditions Jouvence, 2006.

[8] *Pourquoi manger local ?*, René Longet, Éditions Jouvence, 2006. Notice : ces deux petits livres vont être revus et complétés et paraîtront en 2013.

[9] Voir le site www.ecoloinfo.com

[10] Numéro spécial Déclaration de Berne, juin 2011, journal de l'Association éponime, fortement engagée dans la défense des relations Nord-Sud, www.declarationdeberne.ch

[11] Société Erich-Wesjohann-Gruppe (D), Groupe Grimaud (F), Tyson (US), Hendrix Genetics (NL).

[12] *Solutions locales pour un désordre global*, film de Coline Serreau, 2010.

[13] Association Kokopelli pour la sauvegarde des semences, voir son site : http://kokopelli-semences.fr/

[14] *Destruction massive, géopolitique de la faim*, Jean Ziegler, Seuil, 2011.

[15] Constitution fédérale suisse. Site : www.admin.ch

[16] Convention des Nations Unies pour le contrôle du changement climatique, voir leur site : unfccc.int/

[17] GIEC et son site : www.ipcc.ch/

[18] Réseau action climat – France : www.rac-f.org

[19] Statistiques développement durable France. www. statistiques.developpement-durable.gouv.fr

[20] Voir le site www.manicore.com/

[21] Consultez les bilans carbone sur le site : effetsdeterre.fr/

[22] ADEME : www2.ademe.fr

[23] WWF suisse : www.wwf.ch ou France : www.wwf.fr

[24] Code barre, infos sur le site www.gs1.fr/ mais accès complet réservé aux adhérents.

[25] Référence déjà citée, voir le site : effetsdeterre.fr/
[26] *Le cuisinier François*, Pierre François de la Varenne, réédition chez Manicius Orthez, 2001.
[27] Émission ABE du 25.11.2008 sur TSR (Suisse).
[28] *Mondovino*, film de Jonathan Nossiter, 2004.
[29] Dr Bircher-Benner (1867-1939), infos sur le site www.bircher-benner.com/
[30] Docteur Kousmine (1904-1992), infos sur le site www.kousmine.com
[31] *La méthode Kousmine*, Éditions Jouvence, ouvrage collectif de l'Associa tion Médicale Kousmine Internationale, 1989.
[32] Ouvrages de François Couplan, *Retrouvez les légumes oubliés*, La Mai son rustique, 1995, ou encore *Légumes, fruits et condiments oubliés du Midi*, Edisud, 2007.
[33] www.fruits-legumes.org/ un site parmi d'autres pour connaître précisé ment les fruits et légumes de saison. Mais attention, les informations ne sont pas toujours « locavores » !
[34] Catherine Schiellein, Éditions La Plage, 2007 et 2009, 4 petits livres de recettes végétariennes, un par saison.
[35] Ouvrage déjà cité : Barbara Kinsolver, *Un jardin dans les Appalaches.*
[36] Château de la Bourdaisière, Val de Loire, www.labourdesiere.com
[37] *Tomates anciennes et gourmandes*, Linda Louis, Éditions La plage, 2011.
[38] *Cuisine sauvage*, François Couplan, Éditions du Sang de la Terre.
[39] *La cuisine provençale*, J.-B. Reboul, Éditions Tacussel, 1907.
[40] Ouvrage déjà cité : Catherine Schiellein, *Petits plats d'automne*, 2007.
[41] *Économie rurale et domestique*, 8 vol parus entre 1788 et 1797 à la Bibliothèque universelle des Dames (sic).
[42] Un parmi d'autres sites : www.lesamisdelapommedeterre.com/
[43] *La cuisine spontanée*, Fredy Girardet, Laffont, 1994.
[44] Voir le site : reseau-amap.org
[45] *L'histoire de la première AMAP*, Denise Vuillon, Éditions L'Harmattan, 2011.
[46] Voir le site : www.cocagne.ch
[47] Voir le site www.reseaucocagne.asso.fr
[48] Pour la France : www.jardins-familiaux.asso.fr
[49] Pour la Suisse : www.familiengaertner.ch
[50] Terre vivante à Mens : www.terrevivante.org
[51] Terre et humanisme en Ardèche: www.terre-humanisme.org
[52] Voir l'association : www.bio-dynamie.org
[53] Rudolph Steiner (1861-1925).

[54] Voir le site : www.bio-dynamie.org/

[55] Film de Coline Serreau déjà mentionné : *Solutions locales pour un désordre global.*

[56] *Graines de permaculture,* Patrick Whitefield, Éditions Passerelle Eco, 2010.

[57] Ouvrage déjà cité : Anne-Sophie Novel, *Le guide du locavore*, Éditions Eyrolles, 2010.

[58] Site de Greenpeace-Canada, www.greenpeace.org/canada/fr/cam pagnes/oceans/Ressources1/Faits-saillants/Aquaculture/

[59] *Faut-il manger des animaux,* Jonathan Safran Foer, 2011. Roman-repor tage dans les fermes-usines des USA ; suite à ses découvertes, l'auteur est devenu végétarien…

[60] De nombreuses sources donnent ces chiffres, le site www.youthxchange. net/fr regorge d'informations intéressantes.

[61] www.viande.info/ site qui qui collecte beaucoup d'informations sur la consommation animale.

[62] Analyse de l'influence des composants de l'assiette sur le climat www. manicore.com/, informations fournies, conclusions parfois partisannes.

[63] *Les graines germées de A à Z,* Carole Dougoud Chavanne, Éditions Jouvence, 2009. Une mine d'înformations qui passe en revue toutes les graines et leurs modalités de germination.

[64] Un livre parmi d'autres *Petites conserves d'une ferme bio*, Pam Corbin, Éditions La Plage, 2011.

[65] Une information complète sur www.spirulinasource.com/cultivez.html

[66] Selon les résultats de l'essai dit de Burgrain, effectué en Suisse, qui compare de manière très détaillée les résultats de cultures extensives et biologiques sur une période de 6 ans. Voir le site : www.agroscope. admin.ch, rapport ART 722, juillet 2010.

[67] *Les Aventuriers de l'Abondance,* Philippe Derruder, éco-fiction pour répondre aux défis du XXIe siècle, Éditions du Souffle d'Or, 2009.

[68] Via campesina : sur le net : www.viacampesina.org/fr/

[69] Association membre de Via Campesina en France : www. confederationpaysanne.fr

[70] Association membre en Suisse : www. uniterre.ch

[71] *Horizons alimentaires,* documentaire collectif qui se penche sur les diverses réalisations françaises en lien avec la nourriture de proximité : jardins collectifs, cantines scolaires, récupération des déchets, réinsertion sociale et mobilisation citoyenne. Disponible gratuitement sur le site : www.bleuecommeuneorange.org

[72] Ouvrage déjà cité : Jean Ziegler, *Destruction massive, géopolitique de la faim*, Seuil, 2011.

[73] Magasins du Monde en Suisse, site www.mdm.ch

[74] *Manifeste pour la Terre et l'Humanisme*, Pierre Rahbi, Actes Sud, 2008.

Références, associations et sites

Quelques livres

Cultivons la biodiversité : les semences paysannes en réseau, ouvrage collectif paru en 2009 qui recense un certain nombre d'ONG et d'associations centrées sur la biodiversité. Leur site : www.semencespaysannes.org

Cocagne Jardin, *Le cornet aux mille saveurs*, édité par les Jardins de Cocagne, Genève, 2007. *Les productions du jardin au cours des 52 semaines de l'années et des recettes en relation. Idéal pour le locavore ! En prime un répertoire d'adresses suisses très complet.* www.cocagne.ch

Kenton Leslie et Suzannah, *L'énergie du cru*, Éditions Jouvence, 1995. *Une présentation variée et vivante de l'alimentation crue avec de bonnes recettes. Un plan pour une cure de remise en forme en 10 jours.*

Lanza del Vasto, *Les quatre fléaux*, Denoël, 1959. *Un livre prophétique qui dissèque avec clairvoyance les mécanismes qui gouvernent le monde d'aujourd'hui. Pour pallier ce qui lui semblait inévitable, Lanza del Vasto, disciple de Gandhi, a fondé, dès la sortie de la seconde guerre mondiale, des communautés basées sur la pratique de la non-violence, en excluant, en particulier, l'exploitation de l'autre. Cela les a conduit à rechercher l'autarcie maximale. Les communautés actuelles ont dû faire un certain nombre de compromis, il faut reconnaître qu'elles sont locavores depuis fort longtemps.*

Laville Elisabeth et Balmain Marie, *Un régime pour la planète* , Éditions Village Mondial, 2007. *Une approche locavore bien menée des principaux composants de notre assiette.*

Pavie Pascal et Moutsie, *Manger bio ? Pourquoi ? Comment ? Le guide du consommateur éco-responsable*, Edi-sud. *Une analyse sans compromis de la situation française, des bilans, des évidences simples.*

Petrini Carlo, *Slow food*, Yves Michel, 2006. Sous-titre : « Manifeste pour le goût et la biodiversité, la malbouffe ne passera pas ! »
Un classique !

Waridel Laure, *L'envers de l'assiette et quelques idées pour la remettre à l'endroit*, Éditions Ecosociété, 2010. *Un livre de référence, même si la réalité canadienne présente quelques différences avec ce que nous vivons en Europe francophone.*

Revues et associations

BioconsommActeurs : association de consommateurs en Suisse romande, publie un bulletin trimestriel. www. bioconsommacteurs.ch

Biodymanis: *La revue de l'agriculture, du jardinage et de l'alimentation bio- dynamique.*

Les Fruits oubliés : une revue de belle qualité qui consacre chaque numéro à une plante différente, avec un dossier très complet et de magnifiques illustrations. Un travail réalisé de manière quasi bénévole par des passionnés de la nature. www.fruitsoublies.org

Les 4 saisons du jardinage bio : revue bimestrielle éditée par Terre Vivante. *Un compagnonage convivial pour tous les jardiniers amateurs.* www.terrevivante.org *Voir aussi leur rayon librairie-édition fort bien orienté !*

Les Nouvelles de *Terre et Humanisme*, journal trimestriel de l'association du même nom, en lien avec Pierre Rabhi. Voir le site : www.terre-humanisme.org

Sites

Il y a de très nombreux sites en relation avec ce sujet. Cependant, comme souvent, certaines références peuvent devenir caduques.

Pour que le monde Monsanto ne devienne jamais le nôtre : http://combat-monsanto.org

Association pour l'avènement d'un nouveau lien entre la terre et le cultivateur, par le

soutien à de nouvelles exploitations agricoles biologiques : http://terredeliens.org

Association née en Angleterre mais étendue maintenant sur le plan international, qui étudie le passage de la dépendance du pétrole à la résilience locale : http://villesentransition.net/

Association pour la vulgarisation de la culture bio, en ville ou à la campagne : www.grainedejardin.fr/ Site très vivant qui donne envie de faire la cuisine, récit personnalisé, très belles photos. AÀ retenir !

www.cuisine-campagne.com

Site relié à celui de la Fondation Hulot avec des propositions pratiques : www.desfraisesauprintemps.org

Une association qui milite pour un autre mode de commerce et d'échange qui nous libère de la mondialisation : www.foire-autogestion.org

Fondation qui aborde de nombreux sujets en relation avec l'environnement : www.fondation-nature-homme.org

Blog de Anne-Sophie Novel (auteur du *Guide du locavore*) : www.locavorespirit.wordpress

Site de Stéphane Linon qui a mené en 2008 l'expérience locavore durant une année avec beaucoup de rigueur. Sur ce site le récit de son aventure avec de nombreux détails : www.mangeonslocal.fr

Un site de flash info qui résument bien les sujets importants, des trucs pratiques, de nombreux conseils : www.mescoursespourlaplanete.com

Le site suivant propose un tableau avec la saisonnalité des poissons : www.nfm.fr

Une page consacrée au manger local et de saison : www.valaisfamily.ch

Sites plus techniques

Réseau action climat France : www.rac-f.org/

ADEME, Agence de l'environnement et de la maîtrise de l'énergie, France : www2.ademe.fr

Centre de recherche pour l'étude et l'observation des conditions de vie, France : www.credoc.fr/index.php

Développement durable France : www.developpement durable.gouv.fr/

Grenelle de l'environnement, France: de nombreuses études et analyses : www.legrenelle-environnement.fr:

Analyse du cycle de vie des produits, des procédés et des services : www. quantis-intl.com/fr

Le calcul de l'empreinte écologique et nombreuses réflexions : www. terragir.ch/empreinte-ecologique

Quelques sites en relation avec la culture,l'agriculture, etc.

En France :

L'actualité en ce qui concerne les semences et la biodiversité : www. semencespaysannes.org/

FNCIVAM, Fédération nationale des centres d'intiatives pour valoriser l'agriculture et le milieu rural : www.civam.org/

Association française de défense des agriculteurs en difficulté : www. solidaritepaysans.org

Syndicat agricole français qui remet en cause le productivisme : www.confederationpaysanne.fr/

Association Kokopelli : semences biologiques, vente en ligne :http:// kokopelli-semences.fr/

Le Biau Germe : semences biologiques, vente en ligne : www.biaugerme.com

En Suisse :

Alliance agraire suisse qui regroupe 17 associations de cultivateurs, de consommateurs, et de défenseurs de l'environnement et de la nature : www.agrarallianz.ch

Agridea, développement de l'agriculture et de l'espace rural, Lausanne : http://www.agridea-lausanne.ch

Fédération des entreprises agricoles suisse porteuses du « bourgeon », label bio : www.bio-suisse.ch

Syndicat agricole pour une agriculture durable : www.uniterre.ch

Semences biologiques, vente en ligne :
www.sativa-rheinau.ch
Quant aux producteurs locaux, c'est à chacun d'établir son carnet d'adresses. Les centres de distribution de produits bio réunissent souvent de nombreuses références. Les petits marchés de quartiers sont aussi l'occasion de croiser les producteurs de la région.
On trouve sur le net des sites qui vendent des paniers bio en ligne, mais c'est dommage de perdre l'occasion d'un contact direct avec le producteur... on fait ce qu'on peut !

Liste alphabétique des recettes

Remerciements

Parmi les personnes qui m'ont appuyée dans cette recherche, je citerai tout d'abord François et son soutien indéfectible, Julie et Frédéric mes premiers lecteurs.
Je remercie également Gerhard Hasinger, Frédéric Lauper pour leurs informations éclairées, Coline Serreau et Jean Ziegler pour leurs encouragements.
Merci à Jacques Maire qui m'a fait confiance et à Mary Jo Fahrny qui a su se mouler dans les exigences graphiques de la collection.

Crédits photos :

© fotolia.com : p.6, Jasmin Merdan ; p. 12, Great Divide Photo ; p. 13, Anton balazh ;p. 14, tobago77 ; p. 19, Brian Jackson ; p. 21, Scanrail ; p. 22, LeChatMachine ; p. 25, ahavelaar ; p. 26, Chris Lubitz ; p.28, djama ; p.30, Choucashoot ; p.32, Digital Genetics ; p.34, 3d brained ; p.36, Juliet Photography ; p. 37, Pixel & Création ; p. 40, Binkski ; p. 44, Elena Schweitzer ; p.48, HLPhoto ; p. 52, illustrez-vous ; p.54, Picsfive ; p.57, iasminac ; p.57, Sarsmis ; p.59, Luis Carlos JimÃ©nez ; p. 59, Sergeii Moscliuk ; p.60, smileus ; p. 61, Piotr_roae ; p. 62, Hgalina ; p.62, lightpoet ; p.69, valery121283 ; p.73, Buriy ; p.75, Unclesam ; p.77, HLPhoto ; p.80, ikind ; p. 87, M.studio ; p.89, M.Chanet ; p.91 Massimiliano Gallo; p.92, Jessmine ; p.93, Jessmine ; p.94, aurydrikson ; p.94, Boguslaw ; p.97, Thomas LAUNOIS ; p.99, Marci Mayer ; p. 107, Dominique Vernier ; p. 112, TwilightArtPictures ; p. 115L.Bouvier ; p. 118, JakF ; p.120, Sigmunsig ; p. 123, issac ; p. 125 mimon ; p.132, helenedevun ; p.132, Lianalatti ; p. 133, Vely ; p.134delphimages ; p. 138, filograph ; p. 142, Brad Pict ; p. 144, withGod ; p. 148, grimplet ; p. 149, Innzyx ; p. 150, branex ; p. 152, Delphimages ; p.156, zigzagmtart ; p.157, Africa studio ; p.158, Qizz ; p. 159, photocrew ; p. 160, DoctorKan ; p. 161, Mopic ; p.164, Brad Pict ; p. 167, Olly ; p. 168, M,Studio ; p. 170, Subbotina Anna ; p. 174, a9luha ; p. 176, Thierry Hoarau ; p. 180, irmaiirma.

Achevé d'imprimer en France
par l'imprimerie Pollina - L61892A

Dépôt légal : 08/2012